人物传记
CHINESE BIOGRAPHIES

PINYIN
ANNOTATED EDITION

郎朗
LANG LANG

古典音乐的奇才

2ND EDITION

Grace Wu

CHENG & TSUI

Boston

For Tony, Andrew and James

Copyright © 2016 Cheng & Tsui Company, Inc.

23 22 21 20 19 18 17 16 15   1 2 3 4 5 6 7 8 9 10

Second Edition 2015

Published by
Cheng & Tsui Company
25 West Street
Boston, MA 02111-1213 USA
Fax (617) 426-3669
www.cheng-tsui.com "Bringing Asia to the World"™

ISBN 978-1-62291-098-4 Second Edition with Pinyin Annotation
ISBN 978-1-62291-100-4 Second Edition with no Pinyin Annotation

The Library of Congress has catalogued the first edition as follows:
Wu, Grace.
Lang Lang : Chinese biographies : graded readers = [Yao Ming : lan qiu de ju xing : ren wu zhuan ji : Zhong wen pin yin fu zhu du ben] / Grace Wu.
        p. cm.
Chiefly in Chinese and pinyin.
Parallel title in Chinese characters.
Includes bibliographical references.
ISBN 978-0-88727-758-0 (pbk.)
1. Chinese language--Textbooks for foreign speakers--English. 2. Lang, Lang, 1982- 3. Pianists--China--Biography. I. Title. II. Title: Graded readers. III. Title: Lang Lang : gu dian yin yue de qi cai.

PL1129.E5W75 2010
495.1'86421--dc22

2010075004

All logos and references mentioned in this textbook are used for identification purposes only and are the property of their respective owners.

Cover photo: Helga Esteb / Shutterstock.com

Interior illustrations: okalinichenko, barbulat, aleutie, abstract / Fotolia.com

Printed in the United States of America

Mùlù

❖ 目录 ❖

Contents

Foreword

It is my distinct pleasure to write this Foreword for Grace Wu's *Chinese Biographies* series that is being published by Cheng & Tsui.

The format of *hanzi* (Chinese characters) with *pinyin* (spelling) annotations is one that I have long energetically advocated. To see these books now being edited by my esteemed colleague is truly a cause for joy. What is even more to be applauded is the fact that the *pinyin* annotations in these volumes are orthographically correct, with spacing for word separation and proper punctuation. It is extremely rare nowadays—whether in China or abroad—to find such careful attention being paid to *pinyin* orthography.

The subject matter of the first six volumes has been well chosen: the biographies of Lang Lang, Yao Ming, Vera Wang, Jay Chou, Jeremy Lin, and Ang Lee. They will prove attractive to students from junior high school through college, and even adults who are learning Chinese will find them valuable.

May this be the beginning of a long-lasting and flourishing series of biographies featuring a wide range of figures in science, sport, education, the arts, public life, and other fields of endeavor. I am sure that the Cheng & Tsui *Chinese Biographies* series edited by Grace Wu will be warmly welcomed by students and teachers alike, and that they will benefit greatly from these excellent, well-conceived readers.

Victor H. Mair
Professor of Chinese Language and Literature
University of Pennsylvania

About the Author

Grace Wu is Senior Lecturer in Foreign Language in the Department of East Asian Languages and Civilizations at the University of Pennsylvania, specializing in Chinese literacy and Chinese character teaching. Currently, Ms. Wu is the Chinese Reading and Writing Course Coordinator. The *Chinese Biographies* series won First Place in the Grants Showcase Competition. The was also designated SAS Best Grant Project of 2012.

Preface to the Second Edition

Cheng & Tsui's *Chinese Biographies* series consists of Chinese learning materials targeted toward high school and college students. One of the most challenging aspects of learning Chinese is mastering the skills of reading and writing. Extensive reading practice is the best way to improve Chinese reading ability, fluency, and word usage, but there is a shortage of reading materials specifically geared toward learning Chinese. In the United States, students typically learn colloquial Chinese (口语) and are rarely exposed to more formal written language (书面语). The goal of this series is twofold: to serve as a useful teaching resource for educators, and to provide engaging leisure reading material, accompanied by *pinyin*, for students. This series specially targets students at the advanced-beginner to low-intermediate levels of proficiency, or with knowledge of approximately 1,000–2,000 vocabulary words, whose Chinese speaking skills are comparatively stronger than their Chinese reading skills.

This series includes special features designed for maximum educational effectiveness, such as:

1. Chinese characters accompanied by *pinyin*

As mentioned above, improving Chinese reading skills requires considerable practice, but students may be intimidated by the absence of *pinyin* in many Chinese reading texts. Displaying Chinese characters and *pinyin* together decreases student anxiety and allows the student to overcome this challenge. In the past, most publications have paired Chinese characters with *pinyin* equivalents at the character level (for example, 汽车 is paired with *qì chē*). But by using recently developed software, this series matches Chinese characters with *pinyin* at the word level, a more linguistically accurate practice. For example, 汽车 is paired with *qìchē*, which more precisely matches the syntax of the Chinese. This distinction is especially important for learning Chinese, and also facilitates student interpretation of the text by aiding students to develop skills in discerning word boundaries and sentence structure.

Consistent *pinyin* annotation also has the advantage of being easily adaptable for students at different proficiency levels. By including *pinyin* throughout the book instead of glossing only selected words, we have made it easy for students to look up words they have not encountered before, customizing the reading experience to their own proficiency level. Since *pinyin* is provided together with Chinese characters, there is only minimal disruption to the experience of continuous reading. With this flexibility built in, the books are appropriate for students from many different backgrounds—heritage speakers developing their reading skills, as well as learners of Chinese as a foreign language.

For those who prefer reading without pinyin annotation, this Second Edition has a separate version with no pinyin annotation.

2. Simple, easy-to-understand Chinese with content suitable for American students

Beginner-level Chinese reading materials published in China, Taiwan, Hong Kong, and Singapore primarily contain fairy tales, fables, historical stories, or stories about the origins of Chinese idioms. However, these stories can be less suitable for students raised outside Chinese-speaking areas, who may not be as familiar with the underlying historical and cultural background. Lang Lang and Yao Ming, the subjects of the first two biographies in this series, are two well-known figures in American society. Both were born in China but developed their careers in the

United States and are popular internationally. Students will be able to compare American and Chinese cultures through reading their life stories, and may also empathize with Lang Lang and Yao Ming regarding the challenges of being a young person in America. Jay Chou is known as Asia's King of Pop. By learning about his life and music, students will be encouraged to think about and discuss the differences between their own cultural backgrounds and the traditional Chinese values expressed in his lyrics. Vera Wang is not only well-known in America, but she is especially popular among the younger generation. The story of a successful businesswoman who manages to balance family and career is one that many students will find inspiring. Jeremy Lin, a Harvard graduate who was drafted into the NBA, shares a remarkable and inspiring story, too. Over the course of many setbacks, he finally grasped the opportunity to achieve his dreams in 2012. Finally, Ang Lee, the 2006 and 2013 Winner of the Academy Award for Best Director, has not only built a great reputation in Hollywood, but has directed movies that resonate with a global audience. With his films, he bridges the gap between Eastern and Western culture, and gets people to think about the important things in life.

Reading comprehension requires sufficient background knowledge as well as word recognition. By reading about topics that are interesting and familiar to them, American students can increase their engagement and confidence in their Chinese reading skills.

3. Learning resources online and in the book

This series is also accompanied by a companion website at **cheng-tsui.com/chinesebiographies** that includes vocabulary lists, interactive exercises, audio recordings, additional exercises, English translations, and teaching resources. Teachers can adapt these resources to the particular needs of their students and classrooms. This series includes both printed and online components for two reasons: to flexibly meet the different needs of diverse readers, and to keep the printed materials slim and affordable, reducing the burden on students buying class materials.

Online materials include true-false questions, multiple choice questions, and crossword puzzles for further practice to improve grammar and vocabulary. The exercises are located online in the hope that students can immerse themselves in the reading experience and follow the plot of the story with minimal interruption. These exercises can also serve as a template for teachers to design classroom activities or students to engage in additional independent study.

Each chapter in the book includes pre-reading questions designed to facilitate brainstorming and discussion. The post-reading questions in each chapter are intended to delve deeper into cultural discussions; young people who grew up in the United States can articulate their opinions and compare their experiences. As teachers, we should encourage our students' capacity for critical thinking, even though their language skills may be basic.

My hope is that these books will not only provide enjoyment and interest to the process of learning the Chinese language, but also foster students' appreciation of contemporary figures who have contributed to world culture in many different spheres. The ability to comprehend reading materials independently is an important and exciting stage of learning a language. What better way to exercise this skill than to learn about these notable figures, who overcame so many obstacles in developing their own exceptional talents?

Grace Wu
University of Pennsylvania
July 30, 2015

第二版前言

剑桥出版社的"人物传记：中文拼音辅助读本系列"是针对在美国长大的青少年所设计的辅助中文学习教材。学习中文的最大难处，除了四声音调之外，就在读写。然而，要使阅读能进步的方法就是通过大量的阅读来提高阅读水平，流利程度和用词遣字。在美国，由于缺乏专门为中文学习者编写的中文泛读教材，学生在学习中文的过程中，主要以学习"口语"的教科书为主，学习"书面语"的环境则相对不足。本系列旨在设计一套老师方便使用，也能引发学生自行阅读的中文拼音读本。这套教材主要面向已能识别350到700汉字的初级和中级中文学者，特别是已有普通话口语基础，而中文阅读水平不足的学生。

本系列的特点如下：

1. 汉字和汉语拼音并列

如上述，阅读水平的提高是通过大量的阅读。然而，对非拼音文字中文而言，如果识字不多，如何能进行阅读呢？汉字和拼音的并列提供了解决的方式，使阅读者能有效率地进行阅读。在过去，大部分汉字和拼音并列材料是汉字和拼音一对一的排列，而本系列最大的特点之一，即是利用最新开发的软件，根据汉语拼音正词法正确地标注拼音。正确的拼音正词法对汉语学习者尤其重要。比如，以"qìchē"来代表"汽车"。如果"qì chē"两个拼音分开，对学生而言，可能有不同的理解。透过使用汉语拼音正词法学习词汇，进而到句子，段落和故事篇章是本系列一大特色。

对于不希望有拼音注音的老师，本系列的第二版也有无拼音注音的版本。

2. 使用浅易的文字（浅语），内容适合美国青少年的心智程度

在中国、台湾、香港、新加坡所出版的"浅语"中文读物，大多数属于童话故事、动物故事、历史故事或成语故事。对美国青少年而言，一则，与其心智程度不符，再则，对其历史背景和民情风俗不了解。本系列第一册"郎朗"和第二册"姚明"都是在美国家喻户晓的人物。他们都是在中国出生，来美国发展并走向世界的佼佼者。通过他们的故事，学生能看到中美文化的不同，并从他们在美国成长奋斗的过程中产生共鸣。第三册"周杰伦"被喻为亚洲流行天王，透过了解他的生平与创作歌曲，学生得以自发性地将自身的文化背景与歌词中流露出的中国传统核心价值相比

较。我希望透过强烈的对比，引发课堂上讨论的动机和对文化差异的思考。第四册"王薇薇"，一来，她是美国家喻户晓的人物，也是年轻人关注的对象。二来，我希望学生们看到一位成功女性如何在家庭和事业之间维持平衡。在此系列加入第五册"林书豪"：打进NBA的哈佛毕业生，他的故事精彩又振奋人心，在经过一次一次的失败挫折后，在2012年抓住机会，终于美梦成真。第六册"李安"：2006和2013年奥斯卡金像奖最佳导演，他的影片不但成功打进好莱坞，同时也在全球热卖。他是一个游走在中西文化中的电影大师，引导观众去思考人生的价值。

由于阅读除了文字以外，还需要相当成分的背景知识，因此选择美国学生熟悉，喜欢的题材必能提高学习的兴趣和阅读的自信心。

3. 网络辅助资源

本系列阅读教材搭配免费配套网站（cheng-tsui.com/chinesebiographies），提供学生生词表，录音，练习题，课文英语翻译和课堂建议活动等教学资源。教师可以根据学生不同的需要和课堂活动做调整。本系列辅助读本之所以分书面和网络两大部分的目的是1）适合不同需求的读者，2）降低出版成本，进而降低书费，减轻学生负担。

读本的每一章有阅读前讨论问题，老师可以和学生进行脑力激荡，阅读后的理解问题老师可以和学生进行更深层次的文化讨论。在美国长大的青少年，善于表达自己的见解和判断。我们不可因为学生的语言水平不足而低估了他们的思辨能力。除此之外，我们将是非，选择和字谜等练习题放在网络上，是希望学生在阅读时能持续不中断，随着故事的情节享受阅读的乐趣。同时，这些美国学生喜欢的练习形式可以帮助老师设计课堂活动或学生自行练习。

我期望这系列的辅助教材不但可以增进学生阅读中文的乐趣，也可以从这些当代人物身上看到他们对世界不同文化的贡献。对学生来说，独立地阅读和理解对学习语言非常重要。藉着阅读名人传记看到他们克服困难，迈向成功的同时，学生将可以进一步提升中文的阅读程度。

Grace Wu

University of Pennsylvania

2015 年 7 月

Acknowledgments

I would like to thank Professor Victor Mair of the East Asian Languages and Civilizations Department at the University of Pennsylvania for his tireless advocacy of the use of *pinyin* alongside Chinese characters as a pedagogical tool, and for his expertise and guidance in bringing this project to fruition.

During the process of collecting materials, I received SAS Language Teaching Innovation Grants and an SAS Teaching Relief Award from the University of Pennsylvania. My special thanks go out to Dr. Mien-hwa Chiang, Dr. Maiheng Dietrich, Dr. Christina Frei, Dr. Dixon, Ms. Lada Vassilieva, and all of my colleagues at Penn for their constant encouragement. Thanks to their continued confidence in and strong support of my work, the *Chinese Biographies* series won first place in the 2012 Penn School of Arts and Sciences grants showcase competition.

I am indebted to Jill Cheng and Bing Wang at Cheng & Tsui for their expertise and guidance, and to Zhanqing Liu for her careful attention to the copy editing of these books.

I would also like to thank Ms. Zhiping Yi and Ms. Fang Song from the Inter-University Program at Tsinghua University, and Ms. Yi Li, Ms. Yaoyan Zhou, and Ms. Qi Wang at the University of Pennsylvania for their work on the grammar exercises and audio files on the companion website. Last, but certainly not least, my thanks go to my team of assistants—Mr. Ryan Ye, Ms. Jian Liu, and Ms. Elsie Piao—for their diligent work and patience in editing and providing technical assistance throughout the development of these books.

Yī chǎng gāngqín bǐsài

❖ 一场 钢琴 比赛 ❖

A Piano Competition

....

1. ❖ Nǐ xǐhuan tīng gǔdiǎn yīnyuè ma Nǐ zuì xǐhuan de yī shǒu
   你喜欢 听 古典 音乐 吗？你 最 喜欢 的 一 首

   gǔdiǎn yīnyuè shì shénme Wèishénme
   古典 音乐 是 什么？ 为什么？

   Do you enjoy listening to classical music? What's your favorite piece of classical music? Why?

2. ❖ Nǐ tīngguò yīnyuèjiā Láng Lǎng de yǎnzòu ma Rúguǒ méi
   你 听过 音乐家 郎朗 的 演奏 吗？（如果 没

   yǒu qǐng shàng Nǐ xǐhuan tā de fēnggé ma
   有，请 上 YouTube。）你 喜欢 他 的 风格 吗？

   Have you heard any of Lang Lang's performances? (If not, please go to YouTube.) Do you like his musical style?

3. ❖ Nǐ tīngguò Lāhèmǎnínuòfū de Dì Sān Gāngqín Xiézòuqǔ ma
   你 听过 拉赫玛尼诺夫 的 第三 钢琴 协奏曲 吗？

   Rúguǒ méiyǒu qǐng shàng Nǐ xǐhuan ma
   （如果 没有，请 上 YouTube。）你 喜欢 吗？

   Have you ever listened to Rachmaninoff's Piano Concerto No. 3? (If not, please go to YouTube.) Do you like it?

^{nián} ^{yuè} ^{rì} ^{Lúndūn} ^{Huángjiā} ^{A'ěrbótè} ^{Yīnyuètīng}
2000 年 8 月 22 日，伦敦 皇家 阿尔伯特 音乐厅（London's

^{lǐ} ^{xiǎngqǐ} ^{le} ^{Lāhèmǎnínuòfū}
Royal Albert Hall）里 响起 了 拉赫玛尼诺夫（Rachmaninoff）

^{de} ^{Dì Sān Gāngqín Xiézòuqǔ} ^{Zhè} ^{zhī} ^{qǔzi} ^{shì}
的 第三 钢琴 协奏曲（Piano Concerto No. 3）。这 支 曲子 是

^{gǔdiǎn} ^{yīnyuè} ^{lǐ} ^{zuì nán tán de} ^{qǔzi} ^{zhīyī} ^{dàn yě shì} ^{xǔduō}
古典 音乐 里 最难 弹 的 曲子 之一，但 也 是 许多

^{zhuānyè gāngqínjiā de zuì ài} ^{yīnwèi} ^{rúguǒ} ^{néng bǎ zhè shǒu qǔzi}
专业 钢琴家 的 最爱，因为 如果 能 把 这首 曲子

^{tán de hǎo} ^{jiù dàibiǎo zìjǐ de yīnyuè shuǐpíng yǐ dádào hěngāo}
弹 得 好，就 代表 自己 的 音乐 水平 已 达到 很高

^{de jìngjiè} ^{Zài zhè cì biǎoyǎn zhōng} ^{Dì Sān Gāngqín Xiézòuqǔ} ^{tīng qǐlai}
的 境界。在 这次 表演 中，第三 钢琴 协奏曲 听起来

^{yǒu xiē bùtóng} ^{bǐrú shuō} ^{dāng dàjiā zài děngdài dì yī yuèzhāng wěiduàn}
有些 不同，比如 说，当 大家 在 等待 第一 乐章 尾段

^{de gāocháo shí} ^{tīngjiàn de què shì wēnróu yōuyǎ de gāngqín shēng} ^{Zhèyàng}
的 高潮 时，听见 的 却 是 温柔 优雅 的 钢琴 声。这样

^{de tánfǎ suīrán hé yǐwǎng bùtóng} ^{dànshì què hěn hǎotīng}
的 弹法 虽然 和 以往 不同，但是 却 很 好听，

^{guānzhòng yuè tīng yuè xǐhuan} ^{yuè tīng yuè táozuì} ^{Chúcǐzhīwài} ^{zhè chǎng}
观众 越 听越 喜欢，越 听越 陶醉。除此之外，这 场

^{biǎoyǎn hé biéde gǔdiǎn yīnyuèhuì bùtóng de shì zài jiā yǎn jiémù}
表演 和 别的 古典 音乐会 不同 的 是 在 加演 节目

^{shí gāngqínjiā tán de shì yī shǒu Dōngfāng qǔzi jiào Liúyáng}
时，钢琴家 弹 的 是 一 首 东方 曲子，叫《浏阳

河》。《浏阳河》是称颂 毛泽东 主席 的 一 首 歌，

是 中国 一首 非常 有名 的 曲子。整个 音乐会 里 弹

的 都 是 西方 音乐，但 在 结束 时 却 弹 了 一 首 东方

的 曲子，听众 都 觉得 很 新奇。究竟 是 谁 能 把 西方

音乐 和 东方 音乐 都 弹 得 这么 好 呢？ 那 就 是 音乐

天才 郎 朗。

　　郎 朗 是 世界 上 最 好、最 出名、最 年轻 的 古典

音乐 钢琴 演奏家 之一。 他 从小 就 赢过 无数 的 钢琴

比赛， 曾 和 多 个 世界级 的 交响 乐团 合作 举行 音

乐会， 也 在 古典 音乐 界 获得 过 不少 奖项 。

除了 钢琴 造诣 高 外，他 也 很 积极 地 推广 古典 音

乐，想要 让 更 多 人 认识 和 享受 古典 音乐 的 优美，

所以 他 被 称为 这 个 世纪 最 有 影响 力 和 最 有 才华

的 古典 音乐家。郎 朗 到底 是 如何 获得 今天 的 成

achievement

jiù de ne　Tā shòuguò duōshǎo kǔ　Háishi　yíqiè dōu shì shùnshùnlìlì
就 的 呢？他 受 过 多 少 苦？还 是 一切 都 是 顺 顺 利 利

de　Tā tán dé zhème hǎo shì yīnwèi tā tiānshēng yǒu yīnyuè cáihuá
的？他 弹 得 这 么 好 是 因为 他 天 生 有 音 乐 才 华，

háishi　yīnwèi tā pīnmìng nǔlì de liàn qín ne　Yào zhīdao dá'àn wǒ
还 是 因为 他 拼 命 努 力 地 练 琴 呢？要 知 道 答 案 我

men jiù děi huídào Láng Lǎng de tóngnián
们 就 得 回 到 郎 朗 的 童 年。

Yuèdú hòu lǐjiě tǎolùntí
阅 读 后 理 解 讨 论 题：

....

Nǐ juéde yī gè rén de chénggōng shì yīnwèi xiāntiān de cáihuá
1. ❖ 你 觉 得 一 个 人 的 成 功 是 因为 先 天 的 才 华

háishi hòutiān de nǔlì　Wèishénme
还 是 后 天 的 努 力？为 什 么？

Do you think success is due to innate talent or hard work? Why?

Xiànzài de niánqīngrén hái xǐhuan tīng gǔdiǎn yīnyuè ma　Nǐ
2. ❖ 现 在 的 年 轻 人 还 喜 欢 听 古 典 音 乐 吗？你

juéde Láng Lǎng kěyǐ bǎ gǔdiǎn yīnyuè jièshào gěi niánqīngrén ma
觉 得 郎 朗 可 以 把 古 典 音 乐 介 绍 给 年 轻 人 吗？

Wèishénme
为 什 么？

Do young people today listen to classical music? Do you think Lang Lang could introduce classical music to young people? Why?

Please visit www.cheng-tsui.com/chinesebiographies for audio files, vocabulary lists, comprehension exercises and more!

Dì èr zhāng

第二章

2

Bèi māo gǎixiě de mìngyùn

❖ 被猫改写的命运 ❖

Destiny Changed by a Cat

yī zhì sì suì
（1982–1986：一至四岁）

....

1. ❖ Nǐ xué guò rènhé yuèqì ma Xué le duō cháng shíjiān Shì shéi
   你学过任何乐器吗？学了多长 时间？是谁
   gǔlì nǐ xué yuèqì de
   鼓励你学乐器的？

   Have you studied any musical instruments? How long did you
   study? Who encouraged you to learn an instrument?

2. ❖ Nǐ duì Zhōngguó Wénhuà Dà Gémìng yǒu shénme rènshi Wéngé shì
   你对 中国 文化 大革命有什么认识？文革是
   nǎ yī nián kāishǐ de
   哪一年 开始 的？

   What do you know about the Chinese Cultural Revolution? When
   did it start?

3. ❖ Shénme shì èrhú Nǐ jiànguò ma Nǐ hái zhīdao qítā shén
   什么是二胡？你见过 吗？你还知道其它什
   me Zhōngguó yuèqì
   么中国 乐器？

   What is an *erhu*? Have you ever seen one? What other Chinese
   musical instruments do you know about?

4. ❖ Nǐ céngjīng wèile mǎi yī jiàn nǐ xiǎng yào de dōngxi ér cúnqián
   你曾经为了买一件你想要的东西而存钱
   ma Shì shénme Mǎi le yǐhòu nǐ juéde rúhé
   吗？是什么？买了以后你觉得如何？

   Have you ever saved your money to make a big purchase? What did
   you buy? How did you feel after you bought it?

1982 年 6 月 12 日 的 清晨，中国 东北 一 个 宁静 的
城市 突然 传出 了 婴儿 呱呱坠地 的 哭声。这 个 婴儿
哭得 很 大声，把 还 在 沉睡 着 的 邻居 给 吵醒 了。

这 婴儿 就是 即将 改变 古典 乐坛 的 郎 朗。

郎 朗 出生 于 一 个 音乐 之 家，祖父 是 音乐 老
师，父母亲 也 是 艺术家，因此 他 一 出世 就 很 有 音
乐 细胞。父亲 年轻 时，曾 梦想 一边 环游 世界 一
边 表演 音乐，母亲 也 想 当 职业 舞蹈家。可是 六十
年代 的 文化 大 革命 使 他们 不 能 美梦成真，因为
文化 大 革命 时，人们 不 能 自由 地 选择 自己 想要 做
的 工作，政府 会 替 人民 安排 工作。郎 朗 的 父亲 就
被 政府 安排 进 沈阳 空军 文工团 里 拉 二胡。其实 他
这样 已经 比 别人 幸运 了，因为 他 总算 能 从事 自己

喜欢的音乐工作。很多人在文革时没那么幸运，被派到农村去从事很辛苦的劳动。（为了逃避文革，一些中国人甚至宁愿离乡背井，来到美国，希望为自己和下一代争取到更多的自由和事业发展。但是现在文革已经结束了，中国的政治政策开放了很多，经济也正在腾飞，很多在海外的华人陆续回到祖国，在国内发展事业。同时，他们也想把在国外所吸收的知识与技术带回国内，帮助国家发展。）

郎朗母亲就没这么幸运，她被安排做一个普通的公职人员，不能继续跳舞。文化大革命迫使他们两个放弃成为艺术家的美梦。但当郎朗出生时，文革已经结束近十年了，人们有自由选择自己想要做的工作。郎朗父母亲就想，既然我

men bù néng chéngwéi yìshùjiā hébù péiyǎng wǒmen de érzi chéngwéi
们不能 成为 艺术家，何不 培养 我们 的 儿子 成为

yìshùjiā ràng tā lái wánchéng wǒmen de mèngxiǎng ne Fǎnzhèng wǒmen yě
艺术家，让 他 来 完成 我们 的 梦想 呢？反正 我们 也

dǒng yīnyuè wèishénme bù qīnzì xùnliàn háizi chéngwéi yīnyuèjiā ne Yīn
懂 音乐，为什么 不 亲自 训练 孩子 成为 音乐家 呢？ 因

cǐ mǔqīn jiǔyuè huáitāi shí jiù kāishǐ búduàn de tīng gǔdiǎn yīnyuè
此 母亲 九月 怀胎 时 就 开始 不断 地 听 古典 音乐，

yīlái ràng tāi'ér jiēchù yīnyuè èrlái tīng shuō zhèyàng néng shǐ tāi'ér
一来 让 胎儿 接触 音乐， 二来 听说 这样 能 使 胎儿

biàn de gèng cōngming Jiù zhèyàng Láng Lǎng de mìngyùn sìhū zài tā hái
变得 更 聪明 。 就 这样， 郎 朗 的 命运 似乎 在 他 还

méi chūshì qián jiù bèi ānpái le
没 出世 前 就 被 安排 了。

Rán'ér Láng Lǎng shì zài qiǎohé xià àishang gāngqín de Tā liǎng suì
然而 郎 朗 是 在 巧合 下 爱上 钢琴 的。 他 两 岁

shí zhèngzài guānkàn diànshì shàng de Māo hé Lǎoshǔ
时， 正在 观看 电视 上 的《猫 和 老鼠》(*Tom and Jerry*)

kǎtōngjù tūrán bèi nà zhī māo suǒ tánzòu de Xiōngyálì Wǔqǔ
卡通剧，突然 被 那 只 猫 所 弹奏 的《匈牙利 舞曲》

shēnshēn xīyǐn zhù le Tā juéde zhè yīnyuè hěn hǎotīng cónglái méi tīng
深深 吸引 住 了。 他 觉得 这 音乐 很 好听，从来 没 听

guò zhème dòngtīng shūshì de shēngyīn Tā zhùyì dào nà zhǒng hǎotīng de
过 这么 动听、舒适 的 声音。 他 注意 到 那 种 好听 的

shēngyīn fāzì yī zhǒng yuèqì Tā dāngshí hái bù zhīdào shénme shì gāng
声音 发自 一 种 乐器。 他 当时 还 不 知道 什么 是 钢

qín tā cóngwèi kànguò yī gè zhème dà yòu hǎoxiàng hěn hǎowán de
琴， 他 从未 看过 一 个 这么 大， 又 好像 很 好玩 的

"玩意儿"，所以就问父母亲这奇妙的东西 究竟是什么。他们耐心地向郎朗解释说那是钢琴，是一种乐器，弹得好就能听到很好听的音乐。郎朗对"钢琴"很有兴趣，一直追问不停。父母亲看见儿子开始对音乐有兴趣，觉得很兴奋，决心要栽培儿子成为一位音乐巨星。他们从此不停地让他接触音乐，给他很多鼓励，花很多时间和金钱来培养他，希望他能成为一位 成功的音乐家。

"我的命运似乎就被一只猫给改写了，"郎朗说。

在家里，父亲很喜欢在郎朗面前演奏他最拿手的乐器：二胡。父亲也有一个习惯，喜欢每个周末带小郎朗到公园里散步。他会趁这机会和郎朗聊音乐，有时会说说自己拉二胡的经验

hé xīndé yǒushí huì gàosu tā zhùmíng yīnyuèjiā de gùshi yǒushí
和心得，有时会告诉他著名音乐家的故事，有时

huì yòng shùzhī zài shādì shang huà yīnyuè fúhào nàixīn de jiāo tā
会用树枝在沙地上画音乐符号，耐心地教他

Fùqin gēn tā liáo de quánbù dōu hé yīnyuè xiāngguān
"Do Re Mi"。父亲跟他聊的全部都和音乐相关，

dànshì xiǎo Láng Lǎng yīdiǎn yě bù juéde chénmèn hái bùduàn yào bàba
但是小郎朗一点也不觉得沉闷，还不断要爸爸

jiǎng gèng duō de gùshi Bàba kàn érzi zhème jījí de liǎojiě yīn
讲更多的故事。爸爸看儿子这么积极地了解音

yuè zhēn shì kāixīn bùyǐ Hòulái fùmǔ juéde yóu tāmen zìjǐ
乐，真是开心不已。后来，父母觉得由他们自己

jiāo yīnyuè zǒngshì búgòu yào Láng Lǎng jìnbù jiù yídìng yào jiēshòu
教音乐总是不够，要郎朗进步，就一定要接受

zhèngguī de yīnyuè jiàoyù Suǒyǐ tāmen qiānxīnwànkǔ gěi érzi zhǎo le
正规的音乐教育。所以他们千辛万苦给儿子找了

Shěnyáng Yīnyuè Xuéyuàn de yī wèi hěn chūmíng de gāngqín lǎoshī Zhū Yǎ
沈阳音乐学院的一位很出名的钢琴老师—朱雅

fēn lǎoshī lái jiāo Láng Lǎng tán gāngqín Zhū lǎoshī hěn qīngchu de jì
芬老师—来教郎朗弹钢琴。朱老师很清楚地记

de Láng Lǎng xiǎoshíhou hěn cōngming hěn huópo dàn yě fēicháng táoqì
得，郎朗小时候很聪明，很活泼，但也非常淘气，

jīngcháng zài xuéyuàn lǐ wán wánjù qiāng huò xué Sūn Wùkōng
经常在学院里玩玩具枪或学孙悟空 (The Monkey

Kěshì tā yídàn pèngdào gāngqín jiù huì biàn de hěn ānjìng
King)。可是他一旦碰到钢琴，就会变得很安静，

hěn zhuānxīn bùguǎn zhōuwéi yǒu shénme wánjù huò fāshēng shénme shì
很专心，不管周围有什么玩具或发生什么事，

他都不会分心，沉迷在自己的音乐世界中。而且
无论有些钢琴技巧练习多枯燥，郎朗都会非常
尽心和积极地练习，不像别的小朋友一样，马马
虎虎地练了就算了。年纪小小就能这么认真
练琴，难怪后来他的钢琴技术那么高超。小郎朗
每次音乐课都会争分夺秒地努力练习钢琴，但是
因为家里没钢琴，所以总是得不到足够的练习。

有一天，父亲问儿子："今天弹钢琴弹得
怎么样？"

"弹得还好。但是这首曲子的结尾总是弹
不好。"

"是不是需要更多时间练习？"

小郎朗嘟着嘴说："对，我需要更多练习。
我有些朋友家里有钢琴，所以弹得比我多，弹

得比我好。”说到这里，他心里有点不开心。

“那我们买一架钢琴给你怎么样？”父亲对儿子笑着说。

“那真的太好了！我可以每天弹，每天练习，不用只是在上课时才能弹。真的买钢琴给我吗？但是我听说钢琴很贵？”郎朗双眼睁得大大地看着爸爸妈妈。

“如果你真的需要的话，爸妈可以买一架给你。钱不用你担心。”

“真的吗？”郎朗似乎不能相信自己家里将会有一架钢琴。每次他听见朋友说起他们在家里练习钢琴时，他心里都很想要一个。但听说钢琴很贵，所以没跟爸妈提起过。

“真的。”父母亲看见儿子这么开心紧张的

样子，都跟着傻笑起来。

"太好了！我现在每天都能弹钢琴了！"郎朗
又蹦又跳地说。

朗朗的父母亲一直计划为小朗朗买一台钢
琴，但是由于家庭不富裕，所以花了很多时间去
凑这笔钱。小郎朗不知道，他每天晚上睡觉
时，爸妈都会在隔壁房里悄悄地讨论关于买钢
琴的事。毕竟这架钢琴将会是他们两人半年的
工资（约三百美元），是一笔很大的数目。但
是他们觉得，如果要儿子成为成功的音乐家，
就必须做出这样的牺牲。

在那个夏天，一台"星海"牌的钢琴被运进
家里。郎朗一看到是自己最心爱的钢琴，马上爬
上椅子开始弹奏他最喜欢的曲子。从此之后，

郎朗就对钢琴爱不释手，每天都弹，一有空就弹，算起来一天会花至少七个小时练习，他的技巧也因此一天比一天好。正当别的小孩子宠爱着洋娃娃、玩着玩具飞机或看着卡通剧时，郎朗都在练习钢琴。钢琴是他最钟爱的玩具，一直到他长大了，这一点也没有改变。他当时虽然还很小，但是已经确定他的一生都离不开钢琴。

郎朗其实也很好胜，觉得在音乐方面他一定要比所有的同学强。他家附近的小朋友几乎全都学音乐，不是学钢琴，就是学小提琴。因此他们之间很自然地产生了竞争，每天早上都比赛看谁第一个起床练钢琴。郎朗很清楚地记得有一次，他生病了，自己也认为自己应该不会早起练习，哪知道，他一听见邻居小朋友掀起

gāngqín gài　　hūránjiān　jiù tiào le qǐlái　shǎndiàn yìbān xùnsù xiānkāi

钢琴 盖，忽然间 就 跳 了 起来，闪电 一般 迅速 掀开

le gāngqín gài kāishǐ liàn qín　hé píngshí yíyàng　háishì zuì zǎo kāishǐ

了钢琴 盖开始 练琴，和平时 一样，还是 最早 开始

liàn qín de　Láng Lǎng shuōguò tā　xiǎoshíhòu chángcháng yītiān liànqín qī gè

练琴 的，郎 朗 说过 他 小时候 常常 一天 练琴 七个

xiǎoshí ne　Láng Lǎng de hàoshèngxīn　jīlì tā　zìwǒ　tíshēng　suǒyǐ

小时 呢！ 郎 朗 的 好胜心 激励 他 自我 提升，所以

shuō　hàoshèng qíshí yě shì gè yōudiǎn

说， 好胜 其实 也 是 个 优点。

competitive

Yuèdú hòu lǐjiě tǎolùntí

阅读 后 理解 讨论题：

....

Zài Láng Lǎng chūshēng qián tā de fùmǔ duì tā yǒu shénmeyàng

1. ❖ 在 郎 朗 出生 前，他的 父母 对 他 有 什么样

de qīwàng　Wèishénme

的 期望？ 为什么？

What did Lang Lang's parents expect of him even before he was born? Why?

Láng Lǎng xiǎoshíhou xǐhuan tán gāngqín ma Nǐ zěnme

2. ❖ 郎 朗 小时候 喜欢 弹 钢琴 吗？你 怎么

zhīdao de

知道 的？

Did Lang Lang like playing piano when he was young? How do you know?

3. ❖ 小时候 的 郎 朗 性格 怎么样? 你 觉得 这 对
   Xiǎoshíhou de Láng Lǎng xìnggé zěnmeyàng Nǐ juéde zhè duì

   他 日后 的 成功 有 什么 影响?
   tā rìhòu de chénggōng yǒu shénme yǐngxiǎng

What was Lang Lang's personality like when he was young? How do you think this influenced his success later in life?

Please visit www.cheng-tsui.com/chinesebiographies.com for audio files, vocabulary lists, comprehension exercises and more!

1. Translate Eng → Chin (phrases)
2. Pinyin
3. Passage (fill in the blank)
4. Complete dialogue ⎫ using sentence patterns
5. Answer questions ⎭
6. LL Chin → English

Dì sān zhāng

第三章

3

Dì yī cì cānjiā bǐsài

❖ 第一次参加比赛 ❖

The First Competition

wǔ zhì qī suì

（1987–1989：五至七岁）

Yuèdú qián tǎolùntí
阅读 前 讨论题：

....

Nǐ cānjiā guò bǐsài ma Shénmeyàng de bǐsài Miáoshù nǐ
1. ❖ 你 参加 过 比赛 吗？什么样 的 比赛？描述 你

yìnxiàng zuì shēnkè de bǐsài huò biǎoyǎn
印象 最 深刻 的 比赛 或 表演。

Have you participated in any competitions? What kind of competitions? Describe the competition or performance that you remember best.

Nǐ miànduì guānzhòng shí huì jǐnzhāng ma Nǐ yòng shénme fāngfǎ
2. ❖ 你 面对 观众 时会 紧张 吗？你 用 什么 方法

lái xiāochú jǐnzhāng
来 消除 紧张？

Do you get nervous in front of an audience? How do you deal with your nerves in these situations?

Láng Lǎng hěn xiǎo jiù zài yuètán shàng chū le míng Wǔ suì shí fùmǔ hé
郎 朗 很 小 就 在 乐坛 上 出 了 名。五岁时，父母 和

Zhū lǎoshī dōu juéde Láng Lǎng de gāngqín jìshù yǐjīng bǐ biéren hǎo
朱 老师 都 觉得 郎 朗 的 钢琴 技术 已经 比 别人 好

skills

de duō suǒyǐ Láng Lǎng cānjiā le yìnián yídù de Shěnyángshì Gāngqín Bǐ
得多，所以 郎 朗 参加 了 一年 一度 的 沈阳市 钢琴 比

annual _piano_

sài Suīrán cái wǔ suì dàn tā zhīdao zhè hé píngshí tán gāngqín bù
赛。虽然 才 五 岁，但 他 知道 这 和 平时 弹 钢琴 不

annual _shenyang competition_

同。如果弹得好，有奖品拿，父母和老师会感到光荣，也代表自己水平比别人的好。所以为了这场比赛，郎朗很努力地练习。

这是郎朗首次参加比赛，也是他第一次在这么多人面前独奏，因此他对那时的情形印象很深刻。在父母的陪伴下，郎朗很早就到了比赛地点。他看见台上摆着的钢琴比家里的还要大，望了望后台，看见许多小朋友在最后一分钟拼命地练习，而且弹得都非常好。郎朗此时发现到原来还有这么多人比他好，顿时失去了信心，有点害怕。他会不会是最差的那一个呢？会不会弹错呢？如果真的弹错，这些人会笑他吗？比赛场地感觉很冷，使不安的小郎朗更加紧张。这是他生平第一次为了弹钢琴而害怕，以前他从未有过这种感觉，因为他每次都会是最好的那一个。他担心的样子很明显地在脸上显露出来，父母就问："是不是紧张？"郎朗微微地点了点头。

"不用怕。只要尽力就可以了。"

"万一弹不好呢？"

"不要担心这一点。放松一下，自然会弹得好。"

"弹得不好别人会笑。很难为情。"

"傻孩子，别人不会笑你的。只要尽了力就可以了。有爸妈在，不用担心。"

郎朗听了这一番话，知道有爸妈在背后支持，觉得很安慰，但是心里头还是有些担心。

比赛即将开始了，父母亲离开后台，留下郎

Lǎng yī gè rén děngdài yǎnzòu Tā de xīnqíng fēicháng bù'ān yīzhí pà
朗一个人等待演奏。他的心情非常不安，一直怕

huì tán bù hǎo huì táncuò huì chūchǒu Tā de shǒu biàn de bīnglěng
会弹不好，会弹错，会出丑。他的手变得冰冷，

hǎoxiàng yě jiāngyìng le qǐlái Tā de xīn yīzhí púpu de tiào nǎodài
好像也僵硬了起来。他的心一直扑扑地跳，脑袋

lǐ luàn jí le
里乱极了。

Xiànzài yóu Láng Lǎng shàngtái biǎoyǎn
"现在 由 郎 朗 上台 表演。"

Jiēzhe tā tīngdào guānzhòng de zhǎngshēng Tā zhànzhànjīngjīng de zǒu
接着，他听到 观众 的掌声。他战战兢兢地走

dào tái zhōngjiān piǎo le piǎo tái xià kànjian le hěn duō rén què zhǎo
到台中间，瞄了瞄台下，看见了很多人，却找

budào bàba māma Tā xiàng guānzhòng jū le gōng jiù pádào gāngqín
不到爸爸妈妈。他向 观众 鞠了躬，就爬到钢琴

yǐ shàng Tā xīnlǐ xiǎng Zěnme zhè ge yǐzi bǐ jiāli de gāo
椅上。他心里想："怎么这个椅子比家里的高

ne Zāogāo zěnme jiǎo jìngrán tà bùdào jiǎotàbǎn ne Tā zhèn
呢？糟糕，怎么 脚 竟然 踏 不到 脚踏板 呢？"他镇

jìng xiàlái shēnshēn de hūxī zài wàng yī wàng zhè bǐ zìjǐ gèzi dà
静下来，深深地呼吸，再望一望这比自己个子大

shíbèi de gāngqín ránhòu bǎ shí zhǐ xiǎo shǒuzhǐ qīngqīng de fàng zài bīng
十倍的钢琴，然后把十只小手指轻轻地放在冰

lěng de gāngqín jiàn shàng Shuō yě qíguài dāng tā shǒuzhǐ yì pèngdào qín
冷的钢琴键上。说也奇怪，当他手指一碰到琴

jiàn xīnlǐ de kǒngjùgǎn jiù hūrán xiāoshī le mǎshàng tóurù le
键，心里的恐惧感就忽然消失了，马上投入了

自己的音乐世界。他恢复了自信心，对自己笑了

笑，然后开始弹奏。弹的时候，他只陶醉在自己

的美妙的钢琴声中，心里什么担忧都忘掉了，

台上的冰冷也感觉不到了，越弹越投入，什么都

不想了。似乎过了很久，郎朗终于把曲子弹完

了。他知道自己从未弹得这么好过。

　　过了好半天，终于要宣布成绩了。郎朗不禁

地又紧张起来，但是这次不是因为害怕，而是

想知道在这么多高手中，自己的程度到底如何

安慰奖、季军和亚军都已经宣布了。"难道我

真的比不上别人？我可能拿第一名吗？"想着

想着，他忽然听见自己的名字。

　　"冠军是…郎朗小弟弟！"司仪大声地宣布。

　　台下的观众热烈地鼓掌，而郎朗也傻愣住

le bù xiāngxìn zìjǐ dì yī cì cānjiā bǐsài jiù yíngdé le guànjūn

了，不相信自己第一次参加比赛就赢得了冠军。 *first place*

Tā hěn kuài jiù huíguò shén lái zìxìn de shàngtái lǐngjiǎng Zài tái shàng

他很快就回过神来，自信地上台领奖。在台上，

tā zhōngyú kànjian le fùmǔ Kànjian tāmen zìháo de xiàoróng tā

他终于看见了父母。看见他们自豪的笑容，他

gàosu zìjǐ shuō Wǒ yídìng yào gèngjiā nǔlì yào chéngwéi yī wèi

告诉自己说："我一定要更加努力，要成为一位

gèng chūsè de gāngqínjiā

更出色的钢琴家。"

Jiē xiàlái de yī nián Láng Lǎng zàicì cānjiā zhè yī bǐsài

接下来的一年，郎朗再次参加这一比赛，

bùchū suǒ liào tā yòu yíngdé le dì yī míng

不出所料，他又赢得了第一名。

Yuèdú hòu lǐjiě tǎolùntí

阅读后理解讨论题：

Bǐsài qián Láng Lǎng hěn jǐnzhāng ma Tā dānxīn shénme

1. ❖ 比赛前，郎朗很紧张吗？他担心什么？

Was Lang Lang nervous before the competition? What was he worried about?

2. ❖ 当 郎 朗 一 开始 弹 钢琴 的 时候，他 的 状态
Dāng Láng Lǎng yì kāishǐ tán gāngqín de shíhou tā de zhuàngtài

怎么样？ 你 觉得 这 是 一 种 成功 音乐家 的
zěnmeyàng Nǐ juéde zhè shì yī zhǒng chénggōng yīnyuèjiā de

天赋 吗？
tiānfù ma

How did Lang Lang feel as soon as he began playing? Do you think this is a talent of successful musicians?

3. ❖ 郎 朗 第 一 次 参加 钢琴 比赛 时， 他 的 父母
Láng Lǎng dì yī cì cānjiā gāngqín bǐsài shí tā de fùmǔ

是 怎么样 帮助 他 的？
shì zěnmeyàng bāngzhù tā de

How did Lang Lang's parents help him at his first piano competition?

Please visit www.cheng-tsui.com/chinesebiographies for audio files, vocabulary lists, comprehension exercises and more!

Dì sì zhāng

第四章

4

Běijīng qiúxué zhī lù

❖ 北京 求学 之 路 ❖

The Road to Beijing

bā suì

（1990：八岁）

....

1. ❖ Nǐ duō dà de shíhou dì yī cì cháng shíjiān líkāi fùmǔ
你 多 大 的 时候 第一 次 长 时间 离开 父母

（cānjiā xiàlìngyíng shàng dàxué děng děng） Nǐ juéde zěnmeyàng
（参加 夏令营、上 大学 等等）？你 觉得 怎么样?

Nǐ fùmǔ juéde zěnmeyàng
你 父母 觉得 怎么样?

When was the first time you left home for an extended period of
time (summer camp, school, etc.)? How did you feel? How did
your parents feel?

2. ❖ Bèi rén pīpíng hòu nǐ tōngcháng huì yǒu shénme gǎnjué Huì
被 人 批评 后, 你 通常 会 有 什么 感觉? 会

cǎiqǔ shénme xíngdòng
采取 什么 行动 ?

How do you usually feel after being criticized? What actions do
you take to respond to criticism?

Láng Lǎng bā suì de mǒu yì tiān tāmen yī jiā sān kǒu zài chī wǎn fàn
郎 朗 八 岁 的 某 一 天, 他们 一 家 三 口 在 吃 晚饭。

Fùqin shuō Rúguǒ wǒmen sòng nǐ qù Běijīng xué yīnyuè nǐ juéde
父亲 说："如果 我们 送 你 去 北京 学 音乐, 你 觉得

zěnmeyàng
怎么样?"

Qù Běijīng xué yīnyuè Láng Lǎng jīngyà de wèn
"去 北京 学 音乐？" 郎 朗 惊讶 地 问。

Duì Nǐ māma gēn wǒ hé Zhū lǎoshī tán guò le juéde nǐ
"对。你 妈妈 跟 我 和 朱 老师 谈 过 了，觉得 你

liú zài Shěnyáng kàn dào de tīng dào de dōu búgòu Nǐ děi qù
留 在 沈阳 看到 的、听到 的 都 不够。你 得 去

Běijīng
北京。"

Qù Běijīng Zhōngyāng Yīnyuè Xuéyuàn Fùxiǎo
"去 北京 中央 音乐 学院 附小？"

Duì
"对。"

better music education
Qù Běijīng jiēshòu gèng wánshàn de yīnyuè jiàoyù duì Láng Lǎng de yīnyuè
去 北京 接受 更 完善 的 音乐 教育 对 郎 朗 的 音乐

zhīlù lái shuō díquè shì yī gè fēicháng hǎo de zhǔyì dànshì zhè wèi
之路 来 说 的确 是 一 个 非常 好 的 主意，但是 这 位

profession decision
qícái jiù shì zài nàli chàdiǎn'er fàngqì yīnyuè zhège shìjiè yě chà
奇才 就 是 在 那里 差点儿 放弃 音乐，这个 世界 也 差

prodigy
diǎnr méi jīhuì tīngdào Láng Lǎng yǎnzòu de gǔdiǎn yīnyuè
点儿 没 机会 听到 郎 朗 演奏 的 古典 音乐。

lost play
Láng Lǎng xīnli zhīdao qù Běijīng duì tā yīnyuè fāzhǎn huì hěn hǎo
郎 朗 心里 知道 去 北京 对 他 音乐 发展 会 很 好，

dànshì Běijīng lí Shěnyáng hěn yuǎn dā huǒchē xūyào shí'èr gè xiǎoshí
但是 北京 离 沈阳 很 远，搭 火车 需要 十二 个 小时

cái néng dào yòu pà huì bù xíguàn Kěshì fùmǔ hǎoxiàng fēi yào tā
才 能 到，又 怕 会 不 习惯。可是 父母 好像 非要 他

insisted
qù Běijīng bùkě suǒyǐ tā jiù tīngcóng le tāmen de juédìng
去 北京 不可，所以 他 就 听从 了 他们 的 决定。

obeyed

就这样，他们一家三口开始安排去北京的事。郎朗父亲辞去了沈阳的工作，陪郎朗去北京，只留下妈妈一个人在沈阳工作来支撑整个家庭。在火车站与母亲离别的那一刻是那么的辛酸，那么的痛苦。

郎朗嘴唇不停地颤抖，哭哭啼啼地说："妈，你不能跟我们来吗？"

"我也想。可是我得留下来工作。北京生活费高，我们住不起。你要乖乖地练钢琴，要听爸爸的话。傻孩子，不要哭……"可是，妈妈自己却一直紧抱着郎朗哭个不停。

毕竟他们母子俩从未分开过。才八岁就得离开妈，的确有点残酷。郎朗心里真的很不想离开沈阳，但他知道去北京也是一个不能避免的决定。郎朗等到最后一秒才肯上火车；在火车上无论父亲怎么安慰，他就一直哭着要妈妈。

他们一分开就分开了五年。一家三口只靠在沈阳的母亲工作支撑。妈妈每天都很辛苦地工作，吃了很多苦，但每个月只留下100元给自己用，剩下的都寄到北京去了。郎朗和父亲在北京的生活也不是很好过。他们住在北京丰台区一间阴暗、没有暖气的楼房里，还要跟另外三户家庭公用厕所。这五年是郎朗家庭最艰难的时期，不仅钱不够用，生活不舒适，还要彼此分离。

但是能进北京音乐学院附小对郎朗的发展来说帮助会很大，所以这五年无论多么辛苦他们一家人都坚持要撑下去。因为附小是全中国最好的音乐小学，训练非常专业，还能跟国内最有天分的同辈一起学习。而且进了附小，假如成绩好，就能继续升入附中接受更高等的音乐训练。要考进附小一点儿也不容易，需要经过很多次考试。

考生们必须当场弹奏莫扎特或贝多芬的曲子，然后要考乐理、考节奏感、考读乐谱，最后还要考语文和数学。

郎朗为了这场考试非常用心地练习，还在北京的一个音乐学校里继续学钢琴，准备考中央音乐附小。可是出乎意料的是，那里的老师竟然说他的音乐天分不够！

"你的反应慢，不够好。中央音乐学院附小的程度太高了，不适合你。你还是去二流三流

的 学校 吧！也 不要 在 这里 学 了。"老师 说。就

这样，郎 朗 被 踢出 了 校门。

郎朗 听 了 很 惊讶，心里 非常 难过。郎朗 想：

怎么 会 不够 好 呢？我 不 是 沈阳 弹 钢琴 弹 得

最好 的 吗？朱 老师 也 说 我 好。我 难道 真的 天分

不够？他 的 未来 被 老师 这 一 番 话 给 搅乱 了，变

得 非常 烦恼。如果 考不 进 中央 音乐 学院 怎么办？

离乡背井 为了 什么？怎么 跟 妈妈 交待？想着 想着，

他 觉得 自己 可能 真的 不 是 这么 好，开始 想要 放弃

音乐。

这件 事 让 他 的 小学 老师 知道 了。这位 老师 对

郎朗 的 才华 很 有 信心，觉得 放弃 的话 就 浪费 了

他 的 天分，所以 劝 他 不 要 放弃。

"弹 一 首 曲子 给 老师 可以 吗？老师 想 听 你

弹，"老师温柔地说。

"算了吧。反正我弹得不好，反应慢。我不想弹钢琴了。"郎朗没精打采地说。

"就弹这一首吧。老师很想听你弹。"说完后，老师就放了莫扎特的C大调钢琴奏鸣曲K.330（Piano Sonata No. 10 in C Major, K. 330）。

郎朗不出声，心里很不想再碰钢琴。可是美妙的钢琴声一在他耳边响起，他的心情就觉得轻松起来，手指不知不觉地也跟着旋律开始跳起舞来，对钢琴的热爱又回来了。此时，他知道只有钢琴才能令他开心，令他有满足感。

他随着音乐弹奏K.330，弹得很忘我，一切烦恼和伤感都忘了。他决定不放弃音乐，坚持弹钢琴。于是他继续练习，终于在考试中获得

dì yī míng　　shùnlì de　jìn le　Běijīng Zhōngyāng Yīnyuè Fùxiǎo
第一名，顺利地进了北京 中央 音乐 附小。

Duō nián yǐhòu　　Láng Lǎng tǎnchéng　　　　　huīfù　le　wǒ duì
多年以后，郎朗坦承："K.330 恢复了我对

yīnyuè de　rè'ài
音乐的热爱。"

Yuèdú hòu lǐjiě　tǎolùntí
阅读后理解讨论题：

....

Wénzhōng tándào　　　Qù　Běijīng xuéxí gāngqín de juédìng suīrán
1. ❖ 文中谈到："去北京学习钢琴的决定虽然

cánkù　dàn duì Láng Lǎng de yīnyuè fāzhǎn hěn yǒu bāngzhù　　Nǐ
残酷，但对郎朗的音乐发展很有帮助。"你

néng lǐjiě ma　Qǐng tántan nǐ de　lǐjiě
能理解吗？请谈谈你的理解。

The chapter says: "The decision to study piano at Beijing Central Conservatory of Music was a tough one for Lang Lang, but it was helpful to his musical development." Is this a decision you can understand? Please explain your reasoning.

2. ❖ <ruby>郎<rt>Láng</rt></ruby> <ruby>朗<rt>Lǎng</rt></ruby> <ruby>对<rt>duì</rt></ruby> <ruby>自己<rt>zìjǐ</rt></ruby> <ruby>能<rt>néng</rt></ruby> <ruby>弹<rt>tán</rt></ruby> <ruby>好<rt>hǎo</rt></ruby> <ruby>钢琴<rt>gāngqín</rt></ruby> <ruby>的<rt>de</rt></ruby> <ruby>信心<rt>xìnxīn</rt></ruby> <ruby>是<rt>shì</rt></ruby> <ruby>如何<rt>rúhé</rt></ruby>

<ruby>恢复<rt>huīfù</rt></ruby> <ruby>的<rt>de</rt></ruby>? <ruby>你<rt>Nǐ</rt></ruby> <ruby>认为<rt>rènwéi</rt></ruby> <ruby>信心<rt>xìnxīn</rt></ruby> <ruby>对于<rt>duìyú</rt></ruby> <ruby>一<rt>yī</rt></ruby> <ruby>个<rt>gè</rt></ruby> <ruby>人<rt>rén</rt></ruby> <ruby>的<rt>de</rt></ruby> <ruby>成功<rt>chénggōng</rt></ruby> <ruby>起<rt>qǐ</rt></ruby> <ruby>了<rt>le</rt></ruby>

<ruby>什么样<rt>shénmeyàng</rt></ruby> <ruby>的<rt>de</rt></ruby> <ruby>作用<rt>zuòyòng</rt></ruby>?

How did Lang Lang regain his self-confidence? How do you think self-confidence influences a person's success?

Please visit www.cheng-tsui.com/chinesebiographies for audio files, vocabulary lists, comprehension exercises and more!

Dì wǔ zhāng

第五章

5

Mài xiàng shìjiè de dì yī bù

❖ 迈向世界的第一步 ❖

First Step Toward the World Stage

jiǔ zhì shí'èr suì

（1991-1994：九至十二岁）

....

1. ◆ Zài nǐ yìshēng zhōng　nǎ gè rén duì nǐ de yǐngxiǎng zuì dà
在 你 一生 中，哪 个 人 对 你 的 影响 最 大？

Tā/tā shì rúhé yǐngxiǎng nǐ de
他/她 是 如何 影响 你 的？

Who has had the biggest influence on you? How has he/she influenced you?

2. ◆ Jiǎndān de jiǎngshù nǐ zuì yǐnyǐwéiróng de chéngjiù
简单 地 讲述 你 最 引以为荣 的 成就。

Briefly describe your proudest achievement.

3. ◆ Qǐng nǐ tántan nǐ céngjīng wèile huòdé mǒu xiàng chéngjiù ér fùchū
请 你 谈谈 你 曾经 为了 获得 某 项 成就 而 付出

guò de nǔlì Chénggōng hòu yòu huòdé le shénme qǐshì
过 的 努力。成功 后，又 获得 了 什么 启示？

Please describe an effort you made to achieve something. What did you learn from the experience?

Fùxiǎo lǐ de yīnyuè tiāncái suīrán hěn duō kěshì Láng Lǎng zhàoyàng shì
附小 里 的 音乐 天才 虽然 很 多，可是 郎朗 照样 是

nàme chūzhòng Tā gēn zhe hěn yòu jīngyàn de zhùmíng yīnyuè jiàoshòu
那么 出众。他 跟着 很 有 经验 的 著名 音乐 教授

赵屏国老师学习。这位音乐老师不但在音乐上
指导郎朗，还如父亲般地勉励和支持他，是对
郎朗的事业最具影响力的人物之一。2001年春
天，已经出名的郎朗与费城交响乐团在庆祝乐团
创办一百年的国际巡回演出中，在北京人民大
会堂8000人面前特别加弹《浏阳河》献给赵老师，
以表达他对这位恩师的感激。

除了郎朗这位得意门生外，赵老师在北京
中央音乐学院教学的40年里曾培养出很多很
有名的世界级钢琴家，被称为是中国古典乐坛的
园丁。中央音乐学院甚至给他颁发过一位音乐
老师所能得到的最高荣誉："杰出贡献奖"，由此
可见他对钢琴界的贡献是非常大的。

赵老师第一次见到郎朗，就觉得他的智商

比别的小孩子高，音乐基础已经打得很好了，乐感也不错，但更难得的是，郎朗具有一股不屈不挠的奋斗精神。赵老师对父亲说："如果

never give up

我下工夫培养，这孩子将来的发展前途绝对会超过年轻的俄罗斯著名钢琴家叶甫根尼·基辛（Evgeny Kissin）。"

有这么好的老师指导他，郎朗进步得很快。入学第二年，他就获得了全国星海杯钢琴比赛冠军。

郎朗知道他已是全国第一，就想挑战自己，要试闯国际音乐界，因此他打算要参加在德国埃特林根举行的第四届国际青年钢琴比赛（Ettlingen International Piano Competition for Young Pianists）。

"爸，我听说德国每年都举办一个钢琴比赛，我想参加。你觉得怎么样？"十二岁的郎朗知道

要去德国得花费很多钱，所以猜想父亲应该没有办法让他去。父亲皱一皱眉头，想了许久，却只说："让我先想想，还要跟你妈商量一下。"

几天以后，父亲问郎朗："你还想参加那德国钢琴比赛吗？"

郎朗认真地点了点头。

"那就去吧！我跟你一起去。"

为了郎朗，父母亲不惜厚着脸皮到处向朋友和亲戚借钱，凑足了五万块钱来参加这场比赛。

1994年8月，郎朗在德国这场国际比赛中特地选择不演奏西方古典音乐，反而选弹中国著名民间歌曲《浏阳河》。郎朗当时可能在想，反正所有人都会弹西方音乐，不如做和别人不同

的，弹 传统 东方 音乐 给 大家 听听，一来 能

传播 祖国 优美 的 音乐，二来 又 能 表现 不同。

由此 可见，年仅 十二 岁 的 郎朗 已经 会 考虑 如何

吸引 观众，如何 与 观众 沟通。这 正是 他 身为 一

位 钢琴家 的 特质 之一。

因此，当 郎朗 开始 弹奏 时，观众 有 一点儿

惊讶，怎么 没 听过 这支 曲子 呢？后来 他们 发现 原来

这是 中国 的 传统 乐曲，旋律 听 起来 很 新鲜，而且

越 听 越 美妙。观众 都 为 这 位 中国 小 钢琴家 的 表

演 着迷 了，陶醉 在 他 的 钢琴 声 中。郎朗 此时 已

累积 了 很多 的 表演 经验，知道 要 真正 出众 不仅

要 弹 得 好，也 要 给 观众 一些 娱乐。所以，他 特地

不 弹 最后 一个 高音，手 离开 了 钢琴，看 起来 已经

弹完 了，可是 忽然间，他 一 回头 把 手指 大力 地

按在键上，在场的听众都被他吓着了，但却被
这孩子的小伎俩逗得非常开心，顿时哈哈大笑
起来，手掌也拍烂了。

在场的赵屏国老师回想说："演奏结束后，
全场掌声不停，郎朗返场三次鞠躬后，
竟然以为观众要求他安可，于是又坐回钢琴前
准备弹奏，比赛管理人员赶紧把他带了下去。
那时，他还不明白比赛规定不能弹安可曲。"

很多观众听了郎朗弹奏的《浏阳河》后，觉
得这首中国曲子太好听了，在比赛结束后纷纷
向赵老师要乐谱。郎朗要传播祖国音乐的目的
已经达到了。

郎朗第一次出国比赛，竟然打败了来自世界
各地的小钢琴家，不但赢得了冠军，也获得了

杰出 艺术 成就 特别 奖。郎 朗 高兴 不已，在 台 上
自豪 地 接过 奖杯，而 坐 在 台 下 一直 在 默默 地 打气
和 祈祷 的 赵 老师 和 爸爸 也 非常 光荣。但 郎 朗 不
知道 的 是，当 郎 朗 被 宣布 为 冠军 时，向来 都 保持
着 严父 形象 的 父亲 竟然 激动 地 掩面 流泪。父母 十
多年 来 的 牺牲 和 悉心 教养 终于 有 了 成果。他们
的 儿子 已 是 国际级 的 钢琴家。赵 老师 把 这 场 比
赛 的 过程 录 了 起来，在 录像带 上 写着："这 是 郎
朗 迈 向 世界 的 第一 步。"

<ruby>阅读<rt>Yuèdú</rt></ruby> <ruby>后<rt>hòu</rt></ruby> <ruby>理解<rt>lǐjiě</rt></ruby> <ruby>讨论题<rt>tǎolùntí</rt></ruby>：

....

1. ❖ Nǐ rènwéi yīnyuèjiā yǔ guānzhòng gōutōng shì yī gè hěn zhòngyào
   你认为音乐家与观众沟通是一个很重要
   de jìqiǎo ma
   的技巧吗？

   Do you think connecting with the audience is an important skill for a musician?

2. ❖ Shǎonián shí de Láng Lǎng zhǎnxiàn chū le nǎxiē yǔzhòngbùtóng de
   少年时的郎朗展现出了哪些与众不同的
   xìnggé tèdiǎn
   性格特点？

   What uncommon character traits did Lang Lang develop when he was young?

3. ❖ Láng Lǎng de fùqin wèishénme zài bǐsài zhōng jīdòng de yǎnmiàn
   郎朗的父亲为什么在比赛中激动地掩面
   liúlèi
   流泪？

   Why did Lang Lang's father cry at the competition?

Please visit www.cheng-tsui.com/chinesebiographies for audio files, vocabulary lists, comprehension exercises and more!

Dì liù zhāng

第六章

6

Yīnyuè shǐ shàng de qíjì

❖ 音乐史上的奇迹 ❖

A Miracle in Musical History

shísān zhì shíqī suì

（1995–1999：十三至十七岁）

阅读 前 讨论题：

....

Nǐ de jiāxiāng zài nǎ   Yǒu shénme tèshū de lìshǐ   wénhuà
1. ❖ 你的家乡在哪？有什么特殊的历史、文化、

shíwù hé jiérì
食物 和 节日？

Where is your hometown? Please describe the history, culture, food, and festivals of your hometown.

Nǐ qùguò Fèichéng ma   Nǐ duì Fèichéng yǒu shénme rènshi
2. ❖ 你去过费城 吗？ 你对 费城 有什么认识？

Qǐng shàng wǎng cháxún Fèichéng de zīliào   ránhòu jiǎndān de miáoshù Fèi
请 上 网 查询 费城 的 资料，然后 简单 地 描述 费

chéng de lìshǐ   wénhuà   shíwù hé jiérì
城 的 历史、 文化、 食物 和 节日。

Have you ever been to Philadelphia? What do you know about Philadelphia? Please search online and then briefly describe the history, culture, food, and festivals of Philadelphia.

Nǐ pèngdào guò yǔyán zhàng'ài ma   Nǐ shì rúhé kèfú de
3. ❖ 你碰到过语言障碍吗？ 你是如何克服的？

Have you ever experienced a language barrier? How did you overcome it?

郎朗接下来的成就一个比一个惊人。1995 年在日本举办的柴可夫斯基国际青年音乐家比赛（International Tchaikovsky Competition for Young Musicians）中，十三岁的他又荣获了第一名。同年，中国刚成立了一个新的国家交响乐团，在首场表演中，郎朗很荣幸地被指定担任钢琴独奏，有机会在江泽民主席面前表演。那场音乐会也被中国中央电视台直播。

成名后的郎朗接受媒体访问时说："美国有完善的师资和资源，到美国学习古典音乐是必然的过程。"

这一点他小时候就已经明白了，所以他跟父亲和赵老师商量了很久，终于决定退出北京中央

音乐 学院，在 奖学金 赞助 下 前往 美国 的 柯蒂斯

音乐 学院 （Curtis Institute of Music） 接受 世界级 的 音乐

教育。

柯蒂斯音乐 学院 坐落 在 宾夕法尼亚 （Pennsylvania）

州 的 费城（Philadelphia），是 世界上 数一数二 的 音乐

学院，84 年来 培养 出 众多 顶级 的 钢琴家、风琴 家

（organists）、 指挥家、作曲家 等等， 杰出 的 校友

包括 雷昂纳德·伯恩斯坦 （Leonard Bernstein） 和 尼诺·

罗塔 （Nino Rota）。伯恩斯坦 是 美国 著名 的 指挥家

和 作曲家， 创作 了 《西 城 故事》 （West Side Story）

里 的 多首 曲子。而 来自 意大利 的 尼诺·罗塔 为

电影 《教父》 （The Godfather） 作曲。要 进入 柯蒂斯音乐

学院 非常 难， 比 当初 进 北京 中央 音乐 学院 还 更

难， 因为 他 必须 跟 全 世界 最好 的 音乐家 竞争，

only accepts

而 柯蒂斯 一共 就 只 收 167 名 学生。

费城 是 一个 文化 气息 很 浓 的 美国 城市。这里 的 文化 焦点 就是 坐落 在 费城 艺术 大道（Avenue of the Arts）的 金慕 表演 艺术 中心（Kimmel Center for the Performing Arts）。金慕 是 一个 世界级 的 艺术 表演 场所，也是 美国 五大 交响团 之一 费城 交响团（Philadelphia Orchestra）的 家。由于 金慕 中心 的 建筑费 大 多 由 企业家、慈善家 西德尼·金慕（Sidney Kimmel）赞助，所以 就 被 命名 为 金慕 中心。喜爱 音乐 的 人 观光 费城 时，一定 会 到 金慕 听 一场 音乐会，在 独特 的 建筑 里 享受 世界 上 最 先进 的 音响 系统 所 带来 的 最佳 音乐 效果。

费城 是 美国 独立 和 改革 的 发源地，是 一个 很 有 历史 的 城市。它 是 美国 的 第一 个 首都，18

世纪时更是美国第二大城市，政治与社会重要性比纽约还高。21世纪的费城辉煌不逊于从前，它是现今美国的第五大城市，人口众多，仅次于纽约和芝加哥，是一个很繁忙的都市。许多国内外的银行和金融公司也在这里进行交易，是全国最发达的金融城市之一。除此之外，费城也是一个教育中心，许多著名院校——如宾夕法尼亚大学和柯蒂斯音乐学院——都坐落在这里，被誉为美国最大的大学城。市区里有12,000名大学生，而周边地区有将近三十万名的大学生。

郎朗就是在这么一个历史悠久、文化深厚的地方继续修读音乐。初来乍到，他觉得一切都很陌生。这里的环境很不同，以前到处看见的都是中国人，现在见到的大多数是西方人。有时以为遇到了和自己一样的华人，可以用中文畅谈了，却发现原来对方是韩国人，或是不会说中文的华裔美国人。费城的种族很多元化，45%是白人，43.2%是非裔，5.5%是亚洲人，剩下的是西裔或印第安人。第一次接触到不同的国籍和种族，郎朗觉得遇到的每个人都很特别，有着不同的文化和历史背景，所以很积极要和当地人打成一片。他会跟随朋友参与圣帕特里克游行（St. Patrick's Day Parade），或是七月举行的兄弟野餐会（Greek Picnic）。不过他最喜欢的庆典还是费城独有的古装乐团游行（Mummers Parade）。这一游行融合了英国、德国、瑞士、芬兰、爱尔兰等欧洲国家的传统文化，每年的一月一号在波得街（Broad Street）举行。参与的人会穿上很华丽的服装，场面很热闹。

可是语言却成了问题。郎朗以前在中国学校
里学过英文，而且成绩还挺不错，可怎么美国
的英文听起来腔调很奇怪，有时会听不明白，有
时自己说的话对方会不明白或误解。但这对
郎朗来说不是很大的障碍；他凭着顽强的
意志力，努力地学习英文，决心要融入当地社会。
真是皇天不负苦心人，郎朗目前的英文掌握得
很不错，虽然听起来还带着中文腔，不过由于他
性格开朗，很有活力，很能感染其他人，所以人
们很喜欢和他说话。

说起来最不习惯的应该是吃的吧。以前在
中国吃的全都是热腾腾的饭菜，但是现在却
只有冰冷的面包和沙拉（salad），即使是费城 最
出名的费城 芝士 牛肉 堡（Philly cheesesteak），他吃

了也不觉得有什么特别，还没妈妈的粗茶淡饭

好吃。这里的天气还忽冷忽热，有时得穿上三四

层衣服才能出门，但是第二天就阳光普照，只

要穿短袖和短裤就能出去了。

可是时间久了，郎朗和他的父亲也适应了

费城的环境，觉得这个地灵人杰的地方很适合

长期居住。所以郎朗成名后，就在费城买了一

间屋子定居下来，把妈妈接过来跟他一起住。

他们一家三口从此不用再过这种两地分居

的生活了。

在柯蒂斯，他跟随一位很资深也很出名的

钢琴老师格理·格拉夫曼（Gary Graffman）学琴。

格拉夫曼察觉到郎朗不只是弹奏技术高，也具

有一种舞台魅力，能通过钢琴声跟观众沟通。

就连 IMG Artists 音乐公司的人才搜索团队也注意到郎朗这个特征。郎朗的经纪人第一次见到郎朗时，一眼就看出郎朗是一位可造之才，因为他觉得郎朗非常热衷于音乐，活力充沛，最难得的是，他拥有一种莫名的感染力能深深地吸引观众。所以才入学三个月，IMG Artists 就迫不及待地跟郎朗签约出唱片，开启了他迈向职业演奏家的第一步。

他突破的机会终于在十七岁时来到了。芝加哥每年都会在六月至九月（暑季）期间举办拉维尼亚庆典（Ravinia Festival），这是美国历史最悠久的户外音乐盛会。期间会有无数艺术表演，有交响乐、芭蕾舞、戏剧、歌剧、爵士乐（jazz）、摇滚和民谣等等，而观众会带一些吃的、喝

的，一边 野餐 一边 享受 优美 的 音乐。每年 都会

有 超过 十万 人 从 美国 各地 前往 芝加哥 观看，场面

非常 壮观。整个 拉维尼亚 庆典 的 焦点 是 长 达 五

小时 的 明星 演奏会，由 五 位 世界 著名 的 钢琴家

演奏，由 美国 五 大 交响乐团 之一 芝加哥 交响乐团

（Chicago Symphony Orchestra）伴奏，是 一 个 很 受 瞩目 的

表演。1999 年 8 月 14 日，明星 音乐会 就 要 开始 了，

举办 方 临时 得知 芝加哥 交响乐团 的 钢琴家 安德烈

·瓦兹（Andre Watts）抱病 在 床，不 能 演出。他们

获知 郎朗 在场，又 曾 听闻 郎朗 高超 的 钢琴 技术，

就 找 了 他 来 代替 瓦兹。这 是 郎朗 生命 中 决定性

的 一 刻，能 在 一 个 重量级 的 音乐会 里 与 五 位

世界级 钢琴家 和 芝加哥 交响乐团 一起 演奏，对 一

位 还 在 音乐 学院 里 读书 的 演奏者，是 一 件 非常

光荣 的事，也是一个很难得的机会。表演开始

前，郎朗由著名的小提琴家艾萨·斯特恩（Isaac

Stern）介绍上台，这更是一个荣耀。

郎朗心里想："能不能一举成名就看这

场表演了。"

"你们将从这位年轻的中国男孩身上

听到世界上最美妙的声音，"斯特恩对观众

介绍说。

郎朗开始演奏柴可夫斯基的第一钢琴协奏曲

（Tchaikovsky Piano Concerto No. 1）。他尽心地演奏。这

首曲子他练过无数次，也公开表演过无数次，

可是在这一次的演奏中，他感觉到一种从来

没感受过的神韵，柴可夫斯基好像在告诉郎朗

这首曲子的典故，应该以什么心情弹这首曲子，

什么 时候 应该 进入 高潮，什么 时候 应该 弹得 缓慢。郎 朗 弹得 比 平时 更 忘我，更 陶醉。弹 到 最后 一 个 音符，观众 果 真 "从 这 位 年轻 的 中国 男孩 身上 听到 世界 上 最 美妙 的 声音"，他们 非常 喜欢 这 位 少年 音乐家 的 演奏，掌声 久久 未 停。

当晚，郎 朗 又 再次 演奏，这 一 次 他 独奏 巴赫 《哥德堡变奏曲》（Bach's Goldberg Variations），整整 一 小时 十分钟，他 完全 不 看 乐谱 地 把 曲子 弹完，被 《芝加哥论坛报》（Chicago Tribune）称为 "音乐 史 上 的 奇迹"。就 连 最 难 取悦 的 音乐 评论家 都 纷纷 赞 赏，说 他 的 演奏 是 "灿烂 辉煌 的"、"令人 晕眩 的"，说 他 是 "罕见 的 天才"。在 一 个 星期 内，美国 五大 交响乐团 中 的 纽约、费城、克里夫兰 以及 旧金山 交响乐团 纷纷 邀请 郎 朗 跟 他们 同

台演出。半年后，另一个五大交响乐团 波士顿

交响乐团也邀请郎朗与他们合奏。一年后，欧洲

的交响乐团也陆续地联络他。

　　郎朗获得了戏剧性的突破，自此掀起了"郎

朗旋风"，不只是会欣赏古典音乐的人喜欢听

他弹奏，就连对古典音乐没有什么认识的人也

被这股郎朗旋风激发起对古典音乐的兴趣。所

以说，不仅是郎朗本身的命运被改写了，连古

典乐坛的 方向也被改变了。

Yuèdú hòu lǐjiě tǎolùntí
阅读 后 理解 讨论题：

1. ❖ "逆境 使 人 成长 。" 你 如何 理解 这 句
Nìjìng shǐ rén chéngzhǎng Nǐ rúhé lǐjiě zhè jù

话? 郎 朗 刚到 美国 时 遇到 了 什么 问题?
huà Láng Lǎng gāngdào Měiguó shí yùdào le shénme wèntí

"Hardship makes a person grow up." How do you interpret this Chinese saying? When Lang Lang first came to America, what challenges did he face?

2. ❖ 郎 朗 经纪人 看到 了 他 对 音乐 的 热爱。 你
Láng Lǎng jīngjìrén kàndào le tā duì yīnyuè de rè'ài Nǐ

觉得 一 个 人 对于 自己 事业 的 热爱 程度 是否
juéde yī gè rén duìyú zìjǐ shìyè de rè'ài chéngdù shìfǒu

决定 了 他 在 成功之路上 能 走 多 远?
juédìng le tā zài chénggōng zhī lù shang néng zǒu duō yuǎn

Lang Lang's manager observed Lang Lang's passion for music. Do you think that passion for one's career determines one's success?

3. ❖ 郎 朗 在 拉维尼亚 庆典 时 遇到 什么样 的
Láng Lǎng zài Lāwéiníyà Qìngdiǎn shí yùdào shénmeyàng de

机会? 他 是 怎么样 把握 这个 机会 的?
jīhuì Tā shì zěnmeyàng bǎwò zhège jīhuì de

What gave Lang Lang an opportunity to play at the Ravinia Festival? How did he take advantage of this opportunity?

Please visit www.cheng-tsui.com/chinesebiographies for audio files, vocabulary lists, comprehension exercises and more!

Dì qī zhāng

第七章

7

Zànshǎng yǔ pīpíng
❖ 赞赏与批评 ❖

Fans and Critics

1. ❖ 音乐 大师 成功 的 原因 之一 是 他们 能 把
观众 融入 到 自己 的 演奏 当中，让 他们 一起 感
受 音乐 中 的 喜怒哀乐。你 曾经 为 这样 的 演奏
而 感动 过 吗？你 又 是 如何 欣赏 音乐 的 呢？

One of the reasons musicians are successful is their ability to engage their audience and let the audience members feel the emotion within the music. Have you ever been touched by such a performance? How do you usually enjoy music?

2. ❖ 你 觉得 成为 世界 知名 的 艺术家 有 什么 好处
和 坏处？你 喜欢 这样 的 生活 方式 吗？为什么？

What do you think are the advantages and disadvantages of being a world-renowned artist? Would you enjoy that type of lifestyle? Why or why not?

3. ❖ 如果你听过郎朗的音乐，你觉得他弹得
怎么样？（如果没有听过，请上 YouTube。）

If you've listened to Lang Lang's music, what do you think of his playing? (If you have not listened to his music, please go to YouTube.)

4. ❖ 你知道什么是钢琴大师班吗？

Do you know what a piano master class is?

郎朗的音乐有什么特别之处呢？

正如郎朗多位恩师所察觉到的，他弹钢琴的特点除了快之外（有人说他似乎有十一个手指，弹得又快又准），是郎朗能把他弹奏时的那一股活力，那对音乐的热衷，那全神贯注的神态，那被音乐陶醉得忘我的境界，都让观众感受到。弹钢琴技巧好的钢琴家数不胜数，

可是能与观众沟通，使他们一起感受音乐里的
喜怒哀乐，享受音乐的美妙、领悟乐曲的故事的
钢琴家实在少得很。

但是他的音乐也不是没有受到批评。有些人
认为郎朗为了哗众取宠，演绎的方式太过造作，
没有真正弹出音乐的精髓，因此称不上是真正
的艺术家。也有些人觉得他的表演太独创一格
了，较传统的古典音乐爱好者一时接受不了。

郎朗常常以一张很稚气的笑脸示人，但在
这张友善的脸孔后藏着的是一个坚韧的意志。
是这永不放弃的精神和他对音乐的热爱，再
加上他与生俱来的天分使他成为今日闻名世界
的钢琴家。他精力充沛的举止中却又不乏优雅
的气质，是一位典型的才子。每次接受媒体访问

时，这位钢琴大师都会滔滔不绝地分享他对音乐的心得或他的生活经验。正是因为他在台上台下这么善于和观众沟通，使他赢得了大家的喜爱。

郎朗的演艺事业荣誉众多，其中包括19岁时在纽约卡内基音乐厅（Carnegie Hall）举行独奏表演（只有最优秀的音乐家才能在卡内基音乐厅表演，所以对一位钢琴家来说，能在卡内基音乐厅演出是毕生的荣幸，也代表着自己造诣已达到登峰造极的境界）；郎朗在2005年被美国总统布什（George W. Bush）邀请到白宫演出，成为第一位在白宫演出的华人音乐家；同年他为到访德国的胡锦涛总书记在德国总统府表演；他还在2006年的世界足球杯总决赛开幕仪式上演奏；也曾

跟 英国 查理斯 王子（Prince Charles）一起 为 联合国 儿童

基金会 （UNICEF） 募款；他 是 柯蒂斯 的 第一 位

中国 学生；他 被《人物》（People）杂志 誉为 "将

改变 世界 的 20位 年轻人 之一"；他 也 曾在《早

安 美国》（Good Morning America）和《杰伊·莱诺 今夜

脱口秀》（The Tonight Show with Jay Leno）亮相。这 两 个

美国 电视 节目 很少 访问 古典 音乐家，更 别说 是

亚洲 古典 音乐家。他 每年 在 世界 各地 以 "钢琴

大师" 的 身份 巡演 多达 150场，这 也 意味着 他

平均 两至 三天 就 进行 一场 表演，期间 他 还 在

钢琴 大师 班 授课。这么 繁忙 的 生活 要是 缺乏 毅力

或 对 音乐 少点儿 兴趣 一定 坚持 不了。他 的 大师 班

不仅 只 是 钢琴 学生 争着 要 进，就 连 许多 资深 的

钢琴 老师 也 想 聆听 这 位 大师 的 高见。可是 郎 朗

què bù rènwéi tā de kè suàn dé shàng shì dàshī bān

却 不 认为 他 的 课 算 得 上 是 大师 班。

Grandmaster class

Tā shuō Wǒ nìngyuàn chēng zhī wéi liáotiānhuì Zài dàshī bān

他 说： "我 宁愿 称 之 为 聊天会。在 大师 班，

rather call it a chat

nǐ zhǐ xūyào zuò zài nàli yǎnzòu bìngqiě tánlùn yīnyuè Wǒ gèng xǐ

你 只 需要 坐 在 那里 演奏 并且 谈论 音乐。我 更 喜

huan liáotiān tàntǎo wǒmen zuò zhèxiē shìqing de lǐyóu tánlùn wǒmen

欢 聊天，探讨 我们 做 这些 事情 的 理由，谈论 我们

zài yīnyuè zhōng dédào de lèqù Wǒ xiǎng zhèyàng bǐ dāi zuò zài nàli

在 音乐 中 得到 的 乐趣。我 想 这样 比 呆 坐 在 那里

fēnxī yuèpǔ gèng zhòngyào wǒmen xūyào dǎkāi wǒmen de tóunǎo

分析 乐谱 更 重要，我们 需要 打开 我们 的 头脑，

zìyóu de chíchěng xiǎngxiàng xūyào bǎ yīnyuè shìjiè hé xiànshí liánxì

自由 地 驰骋 想象，需要 把 音乐 世界 和 现实 联系

qǐlái Rújīn wǒ kāi le xǔduō liáotiānhuì zhìshǎo liǎngzhōu yī cì

起来。如今，我 开 了 许多 聊天会，至少 两周 一 次。

Wǒ shízài xǐhuān zhè zhǒng xíngshì wǒ xiǎng rénmen kěyǐ cóngzhōng xuédào

我 实在 喜欢 这 种 形式，我 想 人们 可以 从中 学到

bùshǎo dōngxi

不少 东西。"

阅读 后 理解 讨论题：

1. ❖ Hěn duō qīngshàonián rìrì kèkǔ liànxí yǎnzòu yǒu xiē rén
很 多 青少年 日日 刻苦 练习 演奏， 有些 人

duìyú yīnyuè de xǐ'ài jiànjiàn dànhuà le Nǐ juéde Láng Lǎng zài
对于 音乐 的 喜爱 渐渐 淡化 了。 你 觉得 郎 朗 在

tā zìjǐ de yǎnzòu zhōng gǎndào kuàilè le ma Zài wǒmen suǒ
他 自己 的 演奏 中 感到 快乐 了 吗？ 在 我们 所

cóngshì de shìyè zhōng búduàn de chuàngzào kuàilè duìyú wǒmen
从事 的 事业 中 不断 地 创造 快乐， 对于 我们

shìyè de fāzhǎn yǒu shénme yìyì
事业 的 发展 有 什么 意义？

Some teenagers gradually lose their passion for music after practicing hard for a long time. Do you think Lang Lang is happy when performing? Is passion important for one's professional development?

2. ❖ Láng Lǎng rúhé lìyòng gāngqín dàshī bān lái jiàoxué Tā de
郎 朗 如何 利用 钢琴 大师 班 来 教学？ 他 的

zuòfǎ hé qítā yīnyuèjiā yǒu shénme bùtóng
做法 和 其他 音乐家 有 什么 不同？

How does Lang Lang take advantage of piano master classes as teaching tools? How does his approach differ from that of other musicians?

3. ❖ 读了郎朗的成长 故事，你对他有什么

    Dú le Láng Lǎng de chéngzhǎng gùshi nǐ duì tā yǒu shénme

看法？

    kànfa

Having read Lang Lang's life story, what do you think about him?

Please visit www.cheng-tsui.com/chinesebiographies for audio files, vocabulary lists, comprehension exercises and more!

Dì bā zhāng

第八章

8

Yǔ   bàba   de   guānxi

❖ 与 爸 爸 的 关 系 ❖

Relationship with Father

....

1. ❖ Qǐng miáoshù nǐ gēn nǐ fùmǔ de guānxi Nǐ hé bàba bǐjiào

   请 描述 你 跟 你 父母 的 关系。你 和 爸爸 比较

   qīnmì háishi hé māma bǐjiào qīnmì Wèishénme

   亲密 还是 和 妈妈 比较 亲密？为什么？

   Please describe your relationship with your parents. Are you closer to your mom or your dad? Why?

2. ❖ Qǐng nǐ tántan nǐ de fùmǔ zài péiyǎng nǐ de guòchéng zhōng

   请 你 谈谈 你的 父母 在 培养 你的 过程 中

   suǒ fùchū de xīnxuè

   所 付出 的 心血。

   Please discuss the sacrifices your parents made in raising you.

3. ❖ Nǐ céngjīng hé nǐ de fùmǔ qǐguò zhēngzhí ma Wèi

   你 曾经 和 你的 父母 起过 争执 吗？为

   shénme shì

   什么 事？

   Do you ever argue with your parents? What do you argue about?

郎朗自认他成长在一个传统的中国家庭里，有一对严父慈母。他坦诚说，爸爸有时太严肃，太直接了，使他觉得压力很大，小时候心灵较脆弱时，常常受伤害。幸亏有妈妈保持平衡，经常安慰他，给他舒解压力。郎朗说："假如没妈妈的话，我一定不行了。我妈妈就像我的朋友，能使我保持平常心。"

爸爸当初为了郎朗的钢琴学习，毅然地辞去沈阳的工作，陪儿子到北京念音乐，也因为这样他得跟妻子分开。在北京，爸爸没什么工作，把全部时间都花在督促郎朗学琴上。他买了一辆旧的自行车，每天就骑着它来送儿子上下课。不仅如此，当郎朗上课时，爸爸会在

教室 外 看 儿子 上课 专 不 专心， 乖 不 乖， 看

老师 如何 授课。 不管 太阳 多 猛烈， 风雨 多 大，

他 都 照样 在 教室 外 听课。 尽管 音乐 学院 的

工作 人员 多次 叫 他 离开， 他 都 不 走， 坚持 听课。

他 这么 做 是 因为 他 要 跟 儿子 一起 同步 学习

音乐， 好 跟 儿子 切磋 和 谈论 音乐。 每 当 郎 朗 有

机会 出国 比赛 或 表演 时， 父亲 会 趁机 跟 外国

的 老师 学 更 多 的 音乐 理论。 他 吸收 了 这么 多

音乐 知识， 自然 也 变成 了 一 位 不错 的 音乐

老师， 所以 后来， 有 许多 家长 也 送 他们 的 孩子

跟 郎 朗 父亲 学 音乐。 爸爸 的 牺牲 固然 伟大， 他

的 关心 固然 难得， 可是 这么 做 会 不 会 给 郎 朗

施加 太 大 的 压力 呢？ 尤其 是 刚到 北京 时， 郎 朗

被 那 位 音乐 老师 批评 "天分 不够"， 父亲 的 心情

变得很不好，非常失望，因为他一生的心愿

好像被粉碎了。他也觉得很丢脸，特地辞去工作

陪儿子到北京读书，但儿子竟然被踢出校门。

父子俩当时都很烦恼，觉得压力很大，也有

点儿茫然，又没有妈妈在场舒解僵局，所以常常

吵架。在郎朗2008年5月出版的自传中，他提到

常常为练琴和爸爸起争执，有一次爸爸

误会他没有好好练琴，甚至要他以服药

或跳楼的方式自杀。这段时期可说是他们父子

关系最艰难的时期。

大家都不知道，其实爸爸早就患上了甲状腺

（thyroid）肿瘤。在郎朗十二岁时，从德国那场

国际青年钢琴比赛回国后的第三天，家人才

发现他生病了，长了两个鹅蛋一般大的瘤。就连

医生也很惊讶，究竟他是怎么撑过来的，还一撑就撑了十四年。应该是因为他爱子深切，不想儿子因为他的病而分心，所以多么辛苦也要撑到儿子成功了才发病。可见他为了郎朗，什么痛苦都甘愿默默忍受下去。

郎朗与父亲虽然有时有冲突，但其实这是父子间在所难免的事。郎朗首次在卡内基音乐厅开演奏会时，邀请爸爸跟他弹奏最后一首曲子。郎朗这么做一来是要向爸爸表示敬意并感谢养育之恩，二来是要圆爸爸一直以来出国表演的心愿。郎朗自始至终还是没忘记爸爸从小到大的培养和关爱。

阅读后理解讨论题：

....

1. ❖ Láng Lǎng de bàba shì rúhé dūcù Láng Lǎng xué qín de ne
   郎朗的爸爸是如何督促郎朗学琴的呢？

   How did Lang Lang's father supervise him when Lang Lang was studying piano?

2. ❖ Láng Lǎng de bàba wèi le zìjǐ de érzi yǒusuǒ chéngjiù
   郎朗的爸爸为了自己的儿子有所成就

   fùchū le hěn duō xīnxuè suǒyǐ Láng Lǎng de chénggōng bìng bù shì
   付出了很多心血，所以郎朗的成功并不是

   shǔyú tā gè rén de Nǐ de kànfǎ rúhé
   属于他个人的。你的看法如何？

   Lang Lang's father sacrificed a lot in raising his son, so Lang Lang's success is not only his own. What are your thoughts on this?

3. ❖ Nǐ juéde Zhōngguó jiātíng hé Měiguó jiātíng zài qīnzì guānxi
   你觉得中国家庭和美国家庭在亲子关系

   shàng yǒu xiē shénme bùtóng de dìfang Wèishénme
   上有些什么不同的地方？为什么？

   In your opinion, how does the relationship between children and parents in a Chinese family differ from that in an American family? Why?

4. ❖ 你觉得 郎朗爸爸 最大的 牺牲 是 什么？请
解释 你 的 理由。

What do you consider to be the biggest sacrifice Lang Lang's father made for him? Explain your reasoning.

5. ❖ 你 认为 郎 朗 的 爸爸 为什么 要 隐瞒 他 的
病情？如果 是 你，你 也 会 这么 做 吗？

Why do you think Lang Lang's father concealed his illness? If it were you, would you do the same thing?

6. ❖ 你 觉得 郎 朗 的 爸爸 已经 实现 他 年轻 时
的 梦想 了 吗？为什么？请 解释。

Do you think Lang Lang's father was ultimately able to achieve the dreams of his youth? Why? Please explain.

Please visit www.chinesebiographies.com for audio files, vocabulary lists, comprehension exercises and more!

Dì jiǔ zhāng

第九章

9

Xìngqù yǔ guāndiǎn

❖ 兴趣 与 观点 ❖

Interests and Opinions

Yuèdú qián tǎolùntí

阅读 前 讨论题：

....

Nǐ xīnshǎng nǎxiē rénwù Wèishénme

1. ❖ 你 欣赏 哪些 人物？ 为什么？

Who are some of the people you admire? Why?

Zài chéngzhǎng de guòchéng zhōng fù mǔ yǒu méi yǒu gěi nǐ

2. ❖ 在 成长 的 过程 中， 父母 有没有 给 你

shījiā yālì Nǐ shì rúhé miànduì de

施加 压力？ 你 是 如何 面对 的？

When you were growing up, did your parents ever give you pressure? How did you deal with the pressure?

Nǐ duì Zhōngguó huò Dōngfāng yīnyuè yǒu shénme rènshi Yǒu

3. ❖ 你 对 中国 或 东方 音乐 有 什么 认识？ 有

shénme kànfǎ

什么 看法？

How much do you know about Chinese or Asian music? What do you think of it?

Yǐxià de wèndá zhāilùyú duì Láng Lǎng de méitǐ fǎngwèn hé xīnwén

以下 的 问答 摘录于 对 郎 朗 的 媒体 访问 和 新闻

bào dào

报道。

Wèn Zhèngdāng shìjiè shàng de rén dōu xīnshǎng zhe Láng Lǎng shí nǐ shìfǒu

admire

问：正当 世界上 的人 都 欣赏 着 郎 朗 时，你 是否

yǒu tèbié xīnshǎng de rén ne

有 特别 欣赏 的 人 呢？

Dá Qíshí wǒ hěn xīnshǎng liǎng wèi yǐgù de gāngqínjiā Měijí

admire two pianists

答：其实 我 很 欣赏 两 位 已故 的 钢琴家——美籍

Éluósīrén Fúlājīmǐ'ěr Huòluòwéicí

俄罗斯人 弗拉基米尔·霍洛维茨 （Vladimir Horowitz,

hé Měijí Bōlán rén Ātú'ěr Lǔbīnsītǎn

1903–1989） 和 美籍 波兰 人 阿图尔·鲁宾斯坦

Yīnwèi tāmen liǎng wèi dōu

（Arthur Rubinstein, 1887–1982）。因为 他们 两 位 都

hěn wěidà Wǒ jiāli shènzhì fàngzhe Huòluòwéicí céngjīng tánguò

很 伟大。我 家里 甚至 放着 霍洛维茨 曾经 弹过

de jiǔ yīngchǐ gāngqín

的 九 英尺 钢琴。

Wèn Nǐ xǐhuan nǎxiē yùndòngyuán

问：你 喜欢 哪些 运动员？

Dá Wǒ hěn shǎo yǒu shíjiān qù yùndòng dàn chángcháng liúyì tǐyù

watch

答：我 很 少 有 时间 去 运动，但 常常 留意 体育

sports news

xīnwén yóuqí shì guānyú Màikè'ěr Qiáodān

新闻，尤其 是 关于 迈克尔·乔丹 （Michael Jordan）

hé Lǎohǔ Wǔzī de xīnwén Yīnwèi wǒ tèbié

和 老虎 伍兹 （Tiger Woods） 的 新闻。因为 我 特别

xīnshǎng zhè liǎng wèi yùndòngyuán juéde tāmen liǎng gè yě suàn

欣赏 这 两 位 运动员，觉得 他们 两 个 也 算

^{déshàng shì} ^{artists} ^{yìshùjiā} ^{Qíshí} ^{yùndòng} ^{yě} ^{shì} ^{yìshù} ^{de} ^{yī} ^{zhǒng}

得 上 是 艺术家。其实 运动 也 是 艺术 的 一 种，

wúlùn nǎ yī gè lǐngyù lǐ de zhuóyuè yùndòngyuán dōu

无论 哪 一 个 领域 里 的 卓越 运动员 都

chēng de shàng shì yī wèi yìshùjiā

称 得 上 是 一 位 艺术家。

Wèn Zuì zhīchí nǎge Zhōngguó tǐyù duì

问：最 支持 哪个 中国 体育队?

Dá Pīngpāngqiú duì yīnwèi tāmen shì shìjiè shàng wúrén néng dí de

答：乒乓球 队，因为 他们 是 世界 上 无人 能 敌 的

pīngpāngqiú yùndòng yuán

乒乓球 运动 员。

Wèn Yǒu méi yǒu tèbié xīnshǎng de yī wèi Yàzhōu yīnyuèjiā

问：有 没 有 特别 欣赏 的 一位 亚洲 音乐家?

Dá Wǒ hěn qīnpèi Mǎ Yǒuyǒu dàtíqínjiā hé Tán Dùn zuòqǔjiā

答：我 很 钦佩 马友友 (大提琴家) 和 谭盾 (作曲家)。

Wǒ hé Tán Dùn céngjīng hézuò guò wǒmen xiǎngyào yìqǐ zài Xīfāng

我 和 谭盾 曾经 合作 过，我们 想要 一起 在 西方

tuīguǎng Zhōngguó yīnyuè nián wǒmen hézuò zhìzuò le Yè

推广 中国 音乐。2006 年，我们 合作 制作 了《夜

Yàn de zhǔtí qǔ nián

宴》 (*The Night Banquet*) 的 主题 曲。 2008 年，

wǒmen yòu zài Niǔyuē Línkěn Zhōngxīn hézuò

我们 又 在 纽约 林肯 中心 (Lincoln Center) 合作

jǔbàn le yīnyuèhuì

举办 了 音乐会。

问：你也很积极地在国外推广中国音乐。可以说说你做过的一些事情吗?

答：我每场音乐会都会弹奏至少两首中国曲子，或在专辑里加入有传统中国乐器如古筝、琵琶、箫等伴奏的曲子。我也尽我所能每年在国内不同地方开音乐会，以启发中国人对音乐的认识与兴趣。（郎朗跟《浏阳河》这支中国名曲也似乎很有渊源；他第一次出国参赛弹的是《浏阳河》，在8000人面前献给恩师赵屏国的也是《浏阳河》，还在无数音乐会中弹奏这首乐曲。除了因为这是他喜爱的乐曲，更是因为他爱国心切，想通过它来发扬中国音乐。爱国的郎朗也放弃了成为美国公民的机会，要继续当中国公民，

tōngguò yīnyuè lái bàodá zǔguó
通过 音乐 来 报答 祖国。）

Wèn　Yǒu rén shuō，　Yàzhōu yīnyuèjiā shànyú mófǎng　quēfá chuàngzuò
问：有人说，亚洲 音乐家 善于 模仿，缺乏 创作。

Nǐ duì zhè diǎn yǒu shénme kànfa
你 对 这 点 有 什么 看法？

Dá　Wǒ juéde zhè kěnéng shì yīnwèi Yàzhōu yīnyuèjiā pà bèi pínglùn
答：我 觉得 这 可能 是 因为 亚洲 音乐家 怕 被 评论

jiā diāonàn　suǒyǐ jiù gēnsuí dàzhòng bù gǎn dúchuàngyīgé Wǒ
家 刁难，所以 就 跟随 大众，不 敢 独创一格。我

rènwéi zhè shì bùduì de wǒ cónglái bù xué rènhé rén wǒ
认为 这 是 不对 的，我 从来 不 学 任何 人，我

yǒu zhè zhǒng zìxìn Rúguǒ nǐ mófǎng mǒu gè rén nǐ juéde
有 这 种 自信。如果 你 模仿 某 个 人，你 觉得

biéren shì duì de nǐ shì cuò de zhè jiù hǎoxiàng kǎoshì zuòbì
别人 是 对 的，你 是 错 的，这 就 好像 考试 作弊

yīyàng Zài yīnyuè shàng nǐ bìxū xúnzhǎo zìjǐ de lù Rúguǒ
一样。在 音乐 上，你 必须 寻找 自己 的 路。如果

nǐ tīngdào yī chǎng liǎobuqǐ de yǎnzòu bìng wèi zhī dòngxīn zhè
你 听到 一 场 了不起 的 演奏，并 为 之 动心，这

gè yǎnzòu huì gěi nǐ lìliang Dàn shíjì shàng nǐ shì bù kěnéng
个 演奏 会 给 你 力量。但 实际上，你 是 不 可能

hé biéren zuò de juéduì yīyàng de Nǐ děi yǒu zìjǐ de sīkǎo
和 别人 做 得 绝对 一样 的。你 得 有 自己 的 思考

hé lǐjiě
和 理解。

问：小时候，爸妈对你的期望很高，你觉得有压力吗？

答：其实没什么。我一点都不觉得有压力。因为我弹钢琴弹得很好，每次都拿第一名。

问：现在大概一天练琴练多少个小时？

答：大概两小时。小时候为了要进步，一天就练七个小时。在北京音乐学院和柯蒂斯学院时，几乎除了睡和吃的时间外，大多数时间都对着钢琴拼命地练。我现在的生活大部分时间都忙着筹备音乐会，或者是录制音乐，或是开聊天会（大师班）。

问：休闲时你做什么？

答：看电影、看电视或跟朋友们逛街。我也喜欢打乒乓球。

问：假如要吸引热爱现代流行音乐的人，你会弹奏什么？

答：《永恒的星条旗》（*Stars and Stripes Forever*；一支很有活力的美国爱国乐曲），因为几乎所有人都喜欢它。

问：每次弹钢琴时，你都闭着眼睛，全神贯注。你心里其实在想什么呢？

答：我尝试想象那音乐的背景，那音乐的故事。我有时会看到森林，有时会看到海，有时候会看到那首曲子的作曲家的生活。

问：如果要你现在演奏一首协奏曲，你会演奏什么？

答：柴可夫斯基第一钢琴协奏曲（Tchaikovsky Piano Concerto No.1），是我在拉维尼亚庆典时获得突破的曲子，这是我最得意的曲子。

....

1. ❖ Láng Lǎng rúhé jījí de zài guówài tuīguǎng Zhōngguó yīnyuè

   郎朗如何积极地在国外推广 中国 音乐?

   How does Lang Lang promote Chinese music internationally?

2. ❖ Láng Lǎng zài xué qín liàn qín cānjiā bǐsài de zhè tiáo

   郎朗在学琴、练琴、参加比赛的这条

   gāngqín zhī lù shang yǒu mei yǒu gǎndào jùdà de yālì Nǐ zěn

   钢琴之路上有没有感到巨大的压力? 你怎

   me zhīdao ne

   么知道呢?

   Did Lang Lang feel much pressure when studying piano and entering competitions? How do you know?

Please visit www.chinesebiographies.com for audio files, vocabulary lists, comprehension exercises and more!

Epilogue

2012 年 对 郎 朗 来 说 是 而立之年。孔子说：

"三十而立，"是指人到了三十岁就应该面对

人生一切的困难。郎朗在三十岁那年不但在

伦敦 皇家 阿尔伯特 音乐厅 140 周年 举行 音乐会，

也在世界最知名的音乐厅维也纳金色大厅

200 周年的音乐庆典中演出。2012 年 6 月 15 日他更

是在德国柏林举行免费的三十岁音乐会。

郎朗认为人到了三十岁就应该要有社会

责任。他长久以来对推广音乐有种使命感，

所以他一直积极地推广音乐教育。郎朗

除了在纽约成立郎朗国际音乐基金会，他也

于 2012 年在中国深圳建立郎朗音乐世界。在美国，郎朗基金会为财务困难的学校提供资金，让学校购买乐器、聘请音乐老师；在中国，他计划建立学校、开设音乐班。从多年的经验中他发现音乐可以让孩子对生活充满热情，甚至可以改变他们的人生计划。他希望这些机构不但能推广古典音乐，也能为下一代年轻人创造更好的成长环境。他担任过近十年的联合国儿童基金会亲善大使，为改善世界各地儿童的生活进行了大力宣传。2013 年他更被联合国任命为联合国的和平使者，成为历史上最年轻的联合国和平使者。

Bibliography

1. "钢琴家朗朗的追梦心路."
   http://www.age06.com/Age06Public/ SPEAuditing/PostPreview.
   aspx?view&ContentId=236890

2. 百度百科. "郎朗" http://baike.baidu.com/view/15068.htm

3. 雅虎综艺. "钢琴家朗朗"
   http://ent.cn.yahoo.com/theatre/ zhuanti/langlang/

4. "Lang Lang News." http://www.langlang.com/news

5. "Lang Lang: Piano Prodigy."
   http://www.cbsnews.com/stories/2005/01/07/60minutes/
   main665508.shtml

6. "Profile of Pianist Lang Lang."
   http://transcripts.cnn.com/TRANS CRIPTS/0206/16/sm.05.html

7. "郎朗钢琴独奏音乐会."
   http://ent.cn.yahoo.com/theatre/zhuanti/langlang/

8. "钢琴家郎朗的追梦新路."
   http://www.age06.com/Age06Public/ SPEAuditing/PostPreview.
   aspx?view&ContentId=236890

About the *Chinese Biographies* series

The six-volume *Chinese Biographies* series uses natural, authentic language to chronicle the lives of modern-day, Chinese-speaking pop culture icons. Now offered in two equally helpful versions:

1) Simplified Characters with syllable-by-syllable *pinyin* annotations to give students a better understanding of how Chinese characters come together to form words and sentences, and

2) Simplified Characters without *pinyin* annotation.

This flexibility allows teachers and students to choose what learning style best fits the class, the student, or even the day!

Ideal for both classroom instruction and independent study, students will enjoy learning about world-renowned individuals while practicing reading skills.

Visit the *Chinese Biographies* companion website for a rich array of tools and resources to support instruction and practice for each chapter.
www.cheng-tsui.com/chinesebiographies

- Audio
- Comprehension exercises
- Vocabulary lists
- Crossword puzzles
- Grammar notes
- Sentence patterns
- Pinyin annotation
- English translation

More Readers from Cheng & Tsui

Tales and Traditions, Volumes 1–4
Readings in Chinese Literature Series
Compiled by Yun Xiao, et al.

Read level-appropriate excerpts from the Chinese folk and literary canon. Ideal for AP* preparation

Volume 1: 9780887275340
Volume 2: 9780887276460
Volume 3: 9780887276828
Volume 4: 9780887276811

*Advanced Placement and AP are registered trademarks of the College Board, which was not involved in the production of, and does not endorse, this product.

Readings in Chinese Culture Series, Volumes 1–5
By Weijia Huang, Qun Ao

Increase reading and cultural proficiency with original, level-appropriate essays about ancient and contemporary Chinese culture.

1: The Sky Is Bright with Stars	9780887278181
2: How Far Away Is the Sun?	9780887275357
3: The Moon Is Always Beautiful	9780887276378
4: Where Does the Wind Blow?	9780887278815
5: Watching the Clouds Go By	9781622910557

Visit **www.cheng-tsui.com** for more information.